Himmlische Genüsse

Kaplan August Paterno

Himmlische Genüsse

Gaumenfreuden für christliche Feste

Unter Mitarbeit von
Christiane Holler und Franz Severin Berger

Orac
Wien • München • Zürich
Ein Verlag
im Hause Bertelsmann

ISBN 3-7015-0399-0

Schutzumschlaggestaltung: Zembsch' Werkstatt, München
unter Verwendung eines Ausschnittes aus dem Gemälde „Maria mit Kind" von Pietro Perugino,
Abdruck mit freundlicher Genehmigung der Kuratoren der National Gallery, London
Lektorat: Elisabeth Tschachler-Roth
Bildrecherche: Dr. Ingrid Hänsel
Satz und Repro: Zehetner GesmbH, A-2105 Oberrohrbach
Druck und Bindung: Tlaciarne, Slowakei

Inhalt

Nachdenkliches als Vorwort

Das Anliegen dieses Buches ist ein Herzensanliegen meinerseits: weil ich spüre, daß wir Mitteleuropäer uns immer schwerer tun, ein Fest zu feiern oder eine Feier auszurichten. Das mag unter anderem auch daran liegen, daß wir versuchen, alles ganz neu und anders zu machen. Aber gerade beim Festefeiern zeigt sich, daß der Mensch gewisse Gewohnheiten, Formen und Regeln braucht. Denn gelingen kann ein Fest nur dann, wenn jeder, der daran teilnimmt, etwas findet, was ihm entspricht, etwas, das ihn fröhlicher, *menschlicher* werden läßt. Jeder Gast sollte seinen Platz finden können. Ich habe dies vor allem auf Hochzeitsfeiern immer wieder beobachten können. Je mehr Menschen sich etwa von der Musik angesprochen fühlen – weil modernere und ältere Weisen gespielt werden –, desto eher wird das Fest zu einer wirklichen Freude.

Auch der zeremonielle Teil sollte lebendig sein, mit dem Leben zu tun haben; und weil Feste feiern mit dem Leben zu tun hat, spüren immer mehr Menschen, daß ihnen etwas fehlt, wenn die Feste in ihrem Leben ausfallen. Überspitzt wage ich zu behaupten: Ein Leben ohne Fest ist kein Leben. Wir Menschen brauchen Feiern und Feste.

Bei einer echten, lebendigen Feier kann der Mensch auch seine Seele erheben, sie ein wenig oder mehr im Wind des Glücks und des erfüllten Lebens „baumeln" lassen. Wer würde sich nicht danach sehnen? Und eine Feier verhilft um so mehr dazu, weil, im Gegensatz zum Alltag, alles beschwingter, unkonventioneller, leichter und herzlicher abläuft.

Zwar ist ein Rahmen gesteckt, aber innerhalb des Rahmens gibt es Freiheit und ein weites Feld zur Entfaltung der Phantasie. Das Buch, das Sie in den Händen halten, möchte Ihnen, verehrte Leserin und geschätzter Leser, helfen, in dieses Feld der Phantasie, und zwar auch in die Welt der phantasievollen Zubereitung festlicher Speisen, einzudringen. Es möchte daran erinnern, daß Feiern zum Wesen des Menschen gehört. Rechtes religiöses Feiern bedeutet ja auch immer Besinnung auf Vergangenes, das wert ist, erinnert zu werden. Aber Feiern ist immer auch eine „Erinnerung an die Zukunft", die uns in einer großen, festlichen Gemeinschaft im Hochzeitssaal unseres Schöpfers zusammenführen wird.

Von Festen, Feiern, hohen Zeiten und guten Mahlzeiten

Es ist immer eine spannende und lohnende Sache, zu einem bestimmten Thema den darin enthaltenen Wörtern und Begriffen nachzuspüren. Denn die Geschichte, die Herkunft von scheinbar alltäglichen und selbstverständlichen Bezeichnungen zeigt überraschende Zusammenhänge.

Das Wort „Festmahl“ klingt heutzutage vielleicht etwas hochgestochen. Doch in diesem zusammengesetzten Hauptwort ist tatsächlich eine ganze Welt eingebunden – auch kulinarisch.

„Fest“ steht merkwürdigerweise nicht im Zusammenhang mit dem Eigenschaftswort „fest“ bzw. ist nicht gleichen Ursprungs. Das „Fest“ stammt aus dem Kirchenlateinischen und hat sich erst im 13. Jahrhundert in der deutschen Sprache verankert. Es kommt aus dem lateinischen „festum“ oder „dies festus“, was „feierlicher, festlicher Tag“ bedeutet. Das dahinterstehende lateinische Stammwort „feriae“, das ebenfalls „Festtage“ oder „Feiertage“ bedeutet, ist ja vor allem Schülern und Studenten besonders beliebt und vertraut – im Wort „Ferien“. Und vom Wort „feriae“ für „schöne Festtage“ leitet sich auch unser deutsches Wort „feiern“ und die „Feier“ ab. Somit sind Feste, die gefeiert werden, Wörter, die aus demselben Stamm kommen. Und heute gebräuchliche Begriffe wie „Festival“ oder „Festivität“ sind ganz augenscheinlich vom Ursprung her damit verbunden.

Selbstverständlich gibt es auch im Mittelhochdeutschen einen gleichbedeutenden Begriff. „Hôchgezîten“ und „hôchzît“ nannte man im Mittelalter die Fest- und Feiertage. Im Wort „Hochzeit“, dem Fest der Eheschließung, ist das noch enthalten.

Aus dem umgangssprachlichen Latein des Mittelalters, in dem sich die Kleriker und die Studenten unterhalten haben, kam das schon leicht veränderte Wort

„festa“ in die französische Sprache. Und wurde zu „fête“. Die „Fete“ ist auch bei uns ein scheinbar unverzichtbarer Begriff der Jugendkultur.

Das „Mahl“ wiederum ist ein Wort, das schon nach etwas Besonderem klingt und offensichtlich mehr bedeutet als nur einfaches Essen. Das Stammwort dafür kommt aus den germanischen Sprachen. Im Althochdeutschen und im Mittelhochdeutschen hieß es noch schlicht „mal“. Im Englischen heißt es „meal“, im Schwedischen „mål“. Das alte Wort „mal“ bedeutet allerdings scheinbar etwas anderes, nämlich „Zeitpunkt“. Und stand auch für die Bedeutung „Abgestecktes“, „Abgemessenes“ und „Maß“. Die Verbindung mit dem Essen bekam es über die Zeitaussage. Ein Mahl ist daher nichts zwischendurch Verzehrtes, sondern ein Essen, das nach einem bestimmten Zeitplan eingenommen wurde und wird. Das Mahl ist also mit dem Tagesablauf verbunden. Im österreichischen Wort „Nachtmahl“, nördlicher „Abendbrot“ genannt, ist diese Verbindung zwischen Essen zu bestimmtem Zeitpunkt noch offensichtlich.

Schon in dieser ersten Betrachtung des Wortes „Festmahl“ wird die tiefere Bedeutung ersichtlich. Ein Festmahl ist nichts Zufälliges, nichts Gelegentliches, nichts Beiläufiges. Sondern ein Ereignis, das nach Zeit und Maß, nach Plan und gegebenem Anlaß stattfindet.

So steckt also auch im Alltagsgruß „Mahlzeit“, der in deutschsprachigen Landen zwischen 11 Uhr vormittags und 3 Uhr nachmittags in vieler Munde ist, mehr als nur ein freundlicher Zuruf. Eigentlich heißt es ja „gesegnete Mahlzeit“. Aber wer nimmt sich denn heute noch für zwei volle Worte Zeit. Das Wort „Mahlzeit“ an sich ist doppelt bedeutend. Einerseits beschreibt es wirklich den tagesplanmäßigen Zeitpunkt des Essens. Vom Frühstück bis zum sogenannten Nachtmahl. Andererseits ist in der Literatur das Wort „Mahlzeit“ die Beschreibung der aufgenommenen Nahrung an sich. Da gibt es eben gute Mahlzeiten, karge Mahlzeiten, typisch bäuerliche Mahlzeiten und die in Rede stehenden festlichen Mahlzeiten, die immer von einer besonderen Üppigkeit oder von speziell ausgewählten Gerichten gekennzeichnet sind.

Das Bild rundet sich zusätzlich noch ab, wenn wir erkennen, daß die deutschen Wörter „messen“, „Maß“, „Muße“ und „müssen“ mit dem alten „mal“ eng verwandt sind. Und noch spannender wird es, wenn man in die indogermanische Wurzel des „mal“ hinunterblickt. Da bedeutete es auch „wandern“ und „abschreiten“. Sogar unser guter, alter Mond hat dieselbe Wortwurzel. Denn der Mond ist den alten Völkern seit je als „Wanderer am Himmelszelt“ bekannt. Der Mond war auch kulturgeschichtlich neben der Sonne der wichtigste Zeitmesser der Menschheit. Der Mondkalender gehört zu den ältesten Entwicklungen der Astronomie. Und gerade heute ist es wieder so modern, Zeitpunkte und Tätigkeiten nach dem Mond auszurichten: Aussaat, Holzgewinnung, Haare schneiden, Hausputz und vieles mehr. Und daß unsere hohe Festkultur noch immer mit dem Mond eng verbunden ist, beweist das Osterfest. Das Judentum feiert Passah zum ersten Frühlingsvollmond, das Christentum feiert Ostern am Sonntag nach dem ersten Frühlingsvollmond. Auch im Islam werden die religiösen Feste nach dem Mond berechnet.

Feste werden also nach Merkmalen geordnet – nach Zeitpunkten, die wir erkennen und uns auch merken müssen. Zu diesen Zeitpunkten gehört dann auch das entsprechende Mahl, das Essen als Ausdruck eines wichtigen Feiertages.

Feste muß man feiern, wie sie fallen, sagt ein Sprichwort. Und nach der Etymologie, der Herkunftslehre der Wörter, ist das keine schöne Ausrede für unseren Hang zur Lustbarkeit, sondern eine konkrete, religiöse und gesellschaftliche Verpflichtung.

Feste und Feiern haben kulturgeschichtlich für die Menschheit in allen ihren Gruppierungen, Gemeinschaften, Lebensräumen und über alle Kulturstufen hinweg unverzichtbare Aufgaben und Funktionen. Grundsätzlich ist das Fest, sind Festtage Heraushebungen aus dem Alltag. Sie bringen das Leben in neue Ordnung. Die Philosophie sagt, daß die Festkultur der Menschheit aus dem Chaos des Lebens einen Kosmos des Daseins geformt hat. Das klingt etwas kompliziert, wie halt Philosophen in ihrer Genauigkeit sind. Es wird aber sofort verständlich, wenn man bedenkt, daß doch die Feste die eigentlichen Zeitmesser darstellen. Zum einen, indem sie in der Lebenszeit des Menschen wichtige Abschnitte markieren, wie Geburt, Initiation (das heißt Aufnahme in die Gemeinschaft der Erwachsenen), Hochzeit und den Tod, der als Übergang in ein anderes Leben verstanden wird. Andererseits gibt es im Jahreszyklus je nach Kultur wichtige Zeitpunkte, die durch Feste ausgeprägt werden. Für Jägervölker ist dies die Vorbereitung zu einem Jagdzug oder das Fest nach reicher Beute. Bauernkulturen wissen um die Bedeutung der Aussaat, um die Feier der Ernte und den entsprechenden Dank an die Gottheiten. Je nach geographischer Breite sind auch die Sonnenwenden immer ein Anlaß, Ende und Neubeginn des Jahres zu feiern. Es gibt also Festzyklen, die aus dem persönlichen Lebensablauf entstehen oder als Naturfeste zu bezeichnen sind. Die sogenannten heilsgeschichtlichen Feste, wie sie in allen Religionen verankert sind, dienen der Erneuerung und Erinnerung an das ursprüngliche Heilserlebnis.

Die Feste der Menschheit haben überall auf der Welt gemeinsame Charakteristiken. Sie finden mit Musik, Lied und Tanz statt. Sie werden mit Wettspielen gefeiert, mit Umzügen, mit dramatischen Aufführungen. Sie beinhalten ein Opfer, damit verbundene reiche Mahlzeiten und besonderen Schmuck und Kleidung. Feste werden von einer Gemeinschaft und für eine Gemeinschaft gefeiert. Sie dienen der Identitätserhaltung, der Bestätigung und ständigen Erneuerung des Gemeinsamen. Darüber hinaus ist das Fest mit Kult und Mythos verbunden. Es ist also auch bedeutsam für die Sicherung der Zukunft der menschlichen Gemeinschaft. Es hilft, kollektive Ängste zu überwinden, und ist Zeichen der Lebensbejahung. Um Feste über den Alltag zu erheben, sind sie meist als heilige Zeiten definiert, sie unterbrechen oder verbieten sogar die Arbeit des Alltags. Sie zwingen zu Maß, zur Muße. Es gibt sogar Feste, die so etwas wie eine Umkehr der Werte, eine Aufhebung von Konventionen und strengen Regeln möglich machen sollen. Denken wir nur an den Fasching, in dem sich traditionell der Mensch hinter Masken und Kostümen zumindest eine Zeitlang gegen die strenge Ordnung, scheinbar gegen die Obrigkeit, benehmen darf. Feste geben also auch Lebensfreiraum.

Und hinter allen diesen Facetten schimmert offensichtlich noch etwas viel Tieferes durch. Feste, Feiern und das üppige, ausgelassene und freudige Festmahl sind – so behaupten einige Kulturforscher – möglicherweise Ausdruck eines gemeinsamen Optimismus. Des Optimismus, ein längst verlorenes Paradies wiederzufinden, dem der gläubige Mensch nach Vollendung eines mühsamen, aber auch glückhaften Lebens wieder entgegenhofft.

Das ganze Leben ist ein Fest, steht bei Goethe zu lesen. Und der Dichterfürst meint damit nicht, daß das Dasein ein nicht enden wollendes rauschendes Vergnügen sei. Von des Tages Mühe schreibt er auch, aber daß dann abends Gäste kämen. Von sauren Wochen und den darauf folgenden frohen Festen weiß der Dichter. Und dann soll auch gefeiert werden. Zu den „hochgeziten“, am „dies festus“, den „feriae“, nach Maß und nach Plan, mit Freude und Fülle, mit Musik und Tanz und nie ohne reiches Mahl.

GEDANKEN

zum Genuß

Geh, iß mit Freunden dein Brot und trinke deinen Wein mit fröhlichem Herzen. Denn längst hat Gott deinen Weg bestimmt. Trage festliche Kleider und mache dich schön. Genieße das Leben mit der Frau, die du lieb hast, alle die flüchtigen Tage, die dir gegeben sind. Denn das ist dein Teil im Leben, das ist der Lohn deiner Mühsal unter der Sonne.

Kohelet 9, 7–9

Diese Worte stammen aus dem Buch eines Menschen, der das Leben kritisch betrachtet und mit ungewohnten Formulierungen beschreibt. Und wie mir scheint, geht es dabei um das Leben in einer ganz bestimmten Hinsicht, nämlich in seiner Beziehung zu Gott. Diese kritischen Betrachtungen haben dem Autor nicht nur Lob eingebracht, ja es gab schon früh Bedenken, ob eine solche Schrift wohl in ein Sammelwerk der heiligen Bücher des Juden- und Christentums passe.

Wie dem auch sei, bei Kohelet haben nicht sehr viele Dinge des Lebens Bestand. Mit den Äußerlichkeiten des Lebens geht er hart ins Gericht, um so erstaunlicher, oder auch nicht, ist dann die Klarheit der Empfehlung: „Geh und iß mit Freunden dein Brot, trinke Wein mit fröhlichem Herzen . . .“ Er, der viele Bemühungen und Bestrebungen der Menschen mit den Worten abtut: „Das alles ist ein Haschen nach Wind“, empfiehlt deutlich „Genieße das Leben . . .“ und sagt: „Freude und Genuß hängen zusammen.“ Genießen in diesem Sinn heißt: sich an einem Ding, an einer Sache, an einem Phänomen ergötzen, geistig oder materiell ernähren.

Womit ich wieder beim Fest und damit beim Festessen gelandet bin. Genuß nach Kohelet ist Genießen mit Freunden, bedeutet Essen mit Freunden und Trinken in Freude und mit Freunden. Ich bin überzeugt, daß dabei die Fröhlichkeit beim Trinken eine große Rolle spielt – die Bemerkung „mit fröhlichem Herzen" ist ein Hinweis darauf. Und ein anderer weiser Mann, Jesus Sirach, erhärtet im 31. Kapitel seines Buches diese These, indem er sagt: „Frohsinn, Wonne und Lust bringt Wein zur rechten Zeit und genügsam getrunken."
Das heißt also, daß von Anfang an beim Essen Genuß gemeint war; und deshalb gibt es wohl die Fastenzeit, denn die Menschen wußten, daß übertriebener Genuß freud- und sinnlos wird. Das wahre Genießen bewahrheitet den Spruch: „Den Himmel auf die Erde holen." Es ist nur von kurzer Dauer, deshalb sollten wir, wenn schon wenig Zeit dafür vorhanden ist, wirklich genießen. Dabei bin ich ganz der Ansicht des später von mir zitierten Jesus Sirach, der meint, nur maßvoller Genuß befriedigt wirklich. Wenn ich mich bei einem Gelage „vollaufen lasse", habe ich nichts vom Fest, nicht einmal die Erinnerung, weil die ist dann auch noch im Meer des Vergessens verschwunden. Kohelet sagt: „Wahrer Genuß ist, mit Freunden, mit der Frau oder mit dem Mann des Lebens die schönsten Augenblicke auskosten."

Vom Altjahresschiessen zum „Fleisch, lebe wohl!“

Essen, trinken und feiern von Neujahr bis Aschermittwoch

„Wenn's zu Silvester schneit, ist das Neujahr nicht weit!“ Diese scherzhafte Bauernregel ist natürlich keine echte, denn das Neujahr läßt sich von keiner Wetterlage herbeirufen oder gar verschieben. Außerdem würde das weltweit gefeierte Neujahrsfest ja dann in den tropischen Ländern völlig unmöglich sein. Und Neujahr feiern alle Völker dieser Erde, wenn auch nicht immer nach unserem Kalender. Die ältesten Nachrichten über Neujahrsfeste stammen von den Sumerern, die in Mesopotamien den Jahreswechsel als Frühlingsfest feierten. Dabei wurde eine „heilige Hochzeit“ zwischen der Göttin Innana und dem Priesterkönig gehalten. Auch im persischen Reich war Neujahr ein Frühlingsfest, während es im alten Ägypten auf den 20. Juli fiel. Das Judentum feierte und feiert Rosch haschana im September. Übrigens ist dieses jüdische Neujahrsfest sprachlich in unsere Neujahrswünsche eingegangen. Vor allem in Wien ist der Neujahrswunsch „Ein guter Rutsch!“ weit verbreitet. Aber ein Rutsch oder das Rutschen – irgendwie denkt man an Schneelage und Glatteis – hat damit gar nichts zu tun. Es ist eine simple Verballhornung des unter den jüdischen Bürgern Wiens früher so oft gehörten „Ein guter Rosch!“

Die Griechen der Antike übergingen die Jahreswende ohne Festgebräuche. Die Römer feierten das Neujahr am 1. März. Und erst in der Spätantike wurde es der 1. Januar. Dieses Datum haben die Christen übernommen. Ein christlicher Fest-

Papst Silvester I. mit Kaiser Konstantin

tag wurde der 1. Januar aber erst mit der Einführung des Gregorianischen Kalenders im Jahr 1582. Der letzte Tag des alten Jahres wurde dem Papst Silvester I. gewidmet. Ein Papst, der für das Christentum große Bedeutung hat, denn er soll es gewesen sein, der Konstantin den Großen taufte. Jenen Konstantin, der das Christentum zur Staatsreligion erhob. Silvester starb am 31. Dezember 335 n. Chr. und konnte nicht ahnen, was aus seinem Sterbetag werden sollte.
Wie die Christnacht zählt auch die Neujahrsnacht zu den geheimnisumwobenen und magischen Rauhnächten. Und daher haben sich im bäuerlichen und städtischen Leben bis heute Bräuche erhalten, die auf die vorchristlichen germanischen und keltischen Vorstellungen zurückgehen. In Tirol wurden zum Beispiel in der

Neujahrsnacht dreierlei Speisen aufs Dach gestellt. Sie sollten die Frau Bercht zufriedenstellen und daher das Haus schützen. In anderen Alpenregionen wurde in der Stube die „Berchtenmilch" bereitgestellt. In einer Schüssel mit fetter Milch oder einer Milchspeise lag für jeden Hausbewohner ein Löffel für das nächtliche Orakel. Wenn nämlich einer der Löffel am nächsten Morgen umgedreht war, so prophezeite dies für den Löffelbesitzer im kommenden Jahr den Tod.

Mit Radau gegen die Geister

Nächte, in denen gefährliche Geister und Mächte umgingen, waren nicht nur die Grundlage für Orakel und Weissagungen – das Bleigießen ist aus einer Fülle solcher Weissagungsbräuche heute allgemein noch üblich und verbreitet –, sie erforderten auch Schutz. Und gegen Dämonen und Hexen half zu allen Zeiten und in allen Kulturen am besten Lärm. Daher läuten die christlichen Kirchen den Jahreswechsel mit den Glocken ein, in Asien dröhnen Gongs und lärmen Trommelratschen, in der Stadt Rom wird zum Jahreswechsel altes Geschirr aus den Fenstern geworfen, und die heute weltweit beliebteste Sitte ist es, Feuerwerke zu veranstalten. Trotz immer wiederkehrender Aufrufe und Appelle, trotz strenger behördlicher Vorschriften ufert die Silvesterknallerei, die der Feuerwerksindustrie einen Milliardenumsatz beschert, in Zeiten des Wohlstands immer mehr aus und wird oft genug lebensgefährlich.

Dabei ist das Altjahres-Ausschießen in den Alpenländern ein traditioneller Schützenbrauch, der außerhalb der Ortschaften auf freiem Feld geübt wurde. In Berchtesgaden gibt es die sogenannten Weihnachtsschützen mit Mitgliederzahlen von sechshundert bis achthundert Mann. Das Schießen war und ist dort am Weihnachtsabend und zu Silvester Brauch. Da konnten an einem solchen Abend schon mal zwanzig Zentner Pulver aus Böllern und Mörsern verschossen werden, was Schwierigkeiten gab mit den Behörden. 1566 belegte der Propst von Berchtesgaden den Brauch mit kirchlichem Verbot „gegen das liderliche Schissen". Viel wird es dem kirchlichen Herrn aber nicht genützt haben.
Andere Bräuche gehen offensichtlich auf Reinigungsriten zurück. In Mittelfranken war es Sitte, zu Silvester die alten Besen zu verbrennen. Denn im neuen Jahr

sollten frische Besen auch neue Sauberkeit bringen. Vielleicht steckt dieser Gedanke auch in den ausgelassenen, jungen Londonern, die um Mitternacht am Trafalgar Square in den Brunnen springen, oder in dem reifen Athleten, der in Rom am Neujahrstag von der Brücke in den Tiber springt. Die alpine Form der Reinigung von Haus und Hof ist das Ausräuchern, das aber in der Nacht zum Dreikönigstag am wichtigsten ist. Da hat es sich auch bis heute erhalten.

Glück gegen Geld

Zu den sanften Bräuchen gehört das Ansingen des neuen Jahres. Musikanten und Sänger gehen in Gruppen von Haus zu Haus und bieten dem Hausherrn und seiner Familie Neujahrslieder dar. Der Hausvater hat sich dafür mit einem Geldgeschenk zu revanchieren. Es sei dies ein Absammeln, kein Betteln, wird von den Brauchtumskundigen dazu betont. Daneben gibt es den typischen Heischebrauch des Neujahrswünschens für die Kinder. Das ist in bäuerlichen Gemeinden heute noch üblich, und die Kinder werden meist zu verwandten Familien geschickt, um dort gegen ein kleineres Geldgeschenk brav ihre Glückwünsche aufzusagen. In den Stadtkulturen haben sich diese Heischebräuche auf das Erwachsenenleben umgelegt – da ziehen Rauchfangkehrer, Kanalräumer und andere Magistratsbedienstete glückwünschend von Tür zu Tür und Stiege zu Stiege – um ihren Obolus zu ergattern.

Schwein und Kleeblatt

Der Kaminfeger, in Österreich Rauchfangkehrer, gehört wie das Hufeisen, das Glücksschwein und das vierblättrige Kleeblatt zu den traditionellen Glückssymbolen. Der Rauchfangkehrer steht für die Sicherheit des Hauses, weil er durch seine Arbeit das Herdfeuer „lebendig" hält. Das Hufeisen ist, was seinen Zusammenhang mit dem Glück betrifft, schon weiter hergeholt. Es dürfte die Form gewesen sein, die es zum magischen Abwehrzeichen gegen Hexen werden ließ. Über Stalltüren angebracht, sollte es mit seinen beiden offenen Enden alles Böse bannen. Irgendwie erinnert es ja an die abwehrende Cornuta, das hexenbannende Rindergehörn. Ein vierblättriges Kleeblatt ist in freier Natur nicht leicht zu finden und galt daher vor Christus bereits als Glückszeichen. Das Christentum hat das „quadrofolium" dann als segenbringende Kreuzform definiert.

Das wahrscheinlich älteste Glückszeichen ist aber das Schwein. Als Opfertier taucht es schon in den ältesten Kulturen auf. Die Römer brachten Schweineopfer für Ceres, die Göttin des Ackerbaus, dar. Damit sollte reiche Ernte beschworen werden. Die Bauern Dänemarks beschwören auch heute noch mit einem großzügigen Schweineessen die gute Ernte für das kommende Jahr. Wenn also jemand „Schwein hat", dann sollte es ihm in Zukunft an nichts mangeln. Daher ist das Essen von Schweinefleisch ein weitverbreiteter Neujahrsbrauch geworden. Da aber ursprünglich die besten Stücke vom Schwein schon zu Weihnachten verzehrt worden waren, kam zu Neujahr brauchtumsmäßig ein Saurüssel oder ein Sauschwanz auf den Tisch.

Interessanterweise gibt es in bestimmten Regionen auch traditionelle Neujahrsspeisen, die auf einer alten Brotkultur beruhen. Im Tiroler Iseltal wird zu Neujahr der „Blattlstock" aufgetragen. Das ist ein Turm aus feinen Brotfladen, die

mit Honig, Butter und Mohn übereinandergesetzt und -geschichtet werden. Im Oberösterreichischen war es wiederum Sitte, zu Neujahr einen in Branntwein getauchten Lebkuchen zuerst anzuzünden, sozusagen zu flambieren, und dann zu verzehren. Aber auch dort, wo der klassische Schweinebraten auf dem Neujahrstisch prangt, ist die Brotkultur mit dabei – in Form der Knödel, deren Masse ja aus altbackenem, zerschnittenem Brot gemischt wird. Die Semmelknödel sind die feinste Variante unter den rustikalen Brotknödeln.

Jux und Tollerei

Mit der Silvesternacht beginnt auch der wirkliche Fasching oder Karneval. Mit seinen Bällen, Maskenfesten, Umzügen und den vom Fernsehen zur allgemeinen Unterhaltungskultur erhobenen Veranstaltungen aus Mainz oder Villach. Faschingsfeste, Umzüge und Maskenscherz haben aber jedenfalls alte Wurzeln. Da sind einmal wiederum die Berchtenjagden, die nach dem 6. Januar, dem Ende der Rauhnächte, einen neuen Aspekt gewinnen. Denn jetzt geht es um die Vertreibung des Winters, um die Vorbereitung auf den kommenden Frühling. Die Umzüge haben im Lauf der Jahrhunderte einen geradezu politischen, anarchistischen Charakterzug angenommen. Sich zu verkleiden, sich durch Maskierung unkenntlich zu machen und im Schutz dieses Festbrauches allerlei Unsinn und Unfug zu treiben, das war immer auch schon eine Art soziales Ventil gegen die Obrigkeiten. Eine vorerst spielerische Form des Ungehorsams gegen die gefügte soziale Ordnung, die in heute fast nicht mehr verständlicher Form früher durchaus Aufruhrcharakter trug. Daher hielten die Obrigkeiten, auch die Kirche, immer ein kritisches und wachsames Auge auf die öffentlichen Faschingsfeste. Und manchmal sah man sich veranlaßt, durchzugreifen. So wurde der Salzburger Faschingsumzug 1730 vom Fürsterzbischof höchstpersönlich untersagt. Offensichtlich waren Scherz und Tollerei zu ketzerisch und zu rebellisch geworden.

Römische Sitten

Möglicherweise haben sich zwei römische antike Feste über den Lauf der Jahrhunderte in die mitteleuropäischen Faschingsbräuche hineingeschwindelt. Der Monat Februar galt im antiken Rom zwar als Zeit der Reinigung und der Sühne, aber am 15. Februar fand das sogenannte Lupercalienfest statt, einer der ältesten römischen Festgebräuche überhaupt. Das Wort „lupercus" bedeutet eigentlich „Wolfsabwehrer", und tatsächlich waren die Lupercalien ein Fest der Hirten, die dabei dem Gott Faunus huldigten. Faunus entspricht dem griechischen Pan, er ist ein Naturgott für Wald, Flur und Herden. Dementsprechend wurden die Lupercalien mit großem Festschmaus und ausgiebigem Trinken recht ausgelassen gefeiert. Am 17. Dezember, also ein paar Wochen vorher, fanden in Rom die Saturnalien statt. Gott Saturn galt als Herr des Goldenen Zeitalters und der allgemeinen Freiheiten. Bei diesem Saturnsfest wurden üppige Festmähler auf Staatskosten veranstaltet, und die „allgemeinen Freiheiten" wurden dadurch dargestellt, daß bei diesen Festmählern die Herren die Sklaven bedienen mußten. Dieses Auf-den-Kopf-Stellen der gesellschaftlichen Ordnung scheint in den derbdeftigen Spottbräuchen der späteren Faschings- und Karnevalsumzüge erhalten geblieben zu sein. Es ist nicht zu übersehen, daß auch bei den heutigen vom Fernsehen übertragenen Veranstaltungen in Mainz oder Villach die „lästerlichen Reden" in Form von vielen kabarettistischen Darbietungen gegen die Politik und die Politiker ihre Wurzeln in den weit zurückliegenden Saturnalien haben.

Fest essen

Essen und Trinken stehen bei allen Faschingsveranstaltungen und -feiern auch heute noch ganz hoch im Kurs. Wein, Bier, Fleisch und vor allem Schmalzgebäck – der Faschingskrapfen ist die verfeinerte Form der ländlichen Krapfenküche – dürfen ohne Maßhalten vertilgt werden, denn es ist ja noch nicht Fastenzeit. Das christliche Fest Maria Lichtmeß am 2. Februar hat ebenfalls einen starken Essenscharakter. In der christlichen Tradition ist es der vierzigste Tag nach Weihnachten und erinnert daher an die sogenannte Darstellung des Neugeborenen Jesus als erstgeborenen Sohn im Tempel. Der Begriff „Lichtmeß" kommt davon, daß bis heute an diesem Tag die Kerzen und Lichter für das kommende Jahr gesegnet werden. Und der Lichtmeßtag ist auch der traditionelle Dienstbotenwechsel. Da

erloschen früher in bäuerlichen, aber auch in städtischen Gebieten die Dienstverträge für Knechte und Mägde, und neue mußten geschlossen werden. Daher war es üblich, daß am folgenden 3. Februar, dem Blasiustag, zum Einstand der neuen Dienstnehmer oder um die Verlängerung bestehender Verträge zu feiern, ein Bratenessen gegeben wurde. In manchen Regionen wurde dieses „Einstandsbratl" auch durch ein reichhaltiges Essenspaket, das „Bschoadpackl", ersetzt.
Vor allem Knechte und Holzfäller hatten aber am Dreikönigstag schon die Möglichkeit, ihre karge Kost aufzubessern. Als Dreikönigssänger, manchmal schon als Heilige Drei Könige gekleidet, zogen sie mit dem Stern von Hof zu Hof und von Haus zu Haus und erhielten für ihre Lieder hauptsächlich Schnaps, Speck, Schmalzgebäck und andere begehrte Köstlichkeiten, die sie in großen Säcken sammelten. Der Schnaps wurde natürlich immer gleich vor Ort konsumiert, und es brauchte schon harte Männer, um eine ausgedehnte Dreikönigstour aufrecht zu überstehen. Heute hat sich dieser alte Heischebrauch noch zum Besseren gewandelt. Denn die Kindergruppen, die Dreikönigssingen gehen, tun dies für wichtige karitative Zwecke und werden nicht mit Speisen und Süßigkeiten entlohnt, sondern erhalten ein Geldgeschenk.

Am prallsten und ausuferndsten werden Fasching und Karneval natürlich in seinen letzten Tagen – dem Faschingssonntag, dem Rosenmontag und dem Faschingsdienstag – gefeiert, denn mit dem folgenden Aschermittwoch beginnt die österliche Fastenzeit. Die Nacht vom Dienstag auf den Aschermittwoch ist daher die Nacht vor dem Fasten, die Fastnacht. Die Ausgelassenheit unmittelbar vor den kargen Wochen hat in vielen Variationen dem ganzen Fasching seinen

Namen gegeben. Auch der letzte Abschied vom Fleischgenuß war namengebend. „Carne vale“ – Fleisch, lebe wohl! – riefen die Menschen in italienischer Sprache, und daraus wurde der uns vertraute Begriff „Karneval“. „The carnival is over“ bedeutet daher im Englischen ganz allgemein, daß eine schöne Zeit oder ein großes Fest vorüber ist.

Kulinarisches Fasten

Der Aschermittwoch gehört neben dem Karfreitag zu den strengsten Fasttagen des Christentums. Früher haben fromme Menschen an diesem Tag überhaupt nichts zu sich genommen. Aber um die Fastenzeit auch kulinarisch einzuleiten, wurde es üblich, an diesem Tag saure Heringe zu essen. Heringssalat und Heringsschmaus wurden dann die Aufbesserung des ursprünglich sehr schlichten Aschermittwochessens. In den letzten Jahrzehnten ist es vor allem in der Gastronomie zu Heringsschmäusen gekommen, die dem ursprünglichen Gedanken im wahrsten Sinne des Wortes hohnsprechen. Denn da werden unter dem Titel Heringsschmaus Feste und Schlemmereien gefeiert, die an nichts sparen und das Beste vom Besten wie auch das Feinste und Ausgefallenste anbieten. Vielleicht wäre es vermessen, dies alles wieder auf ein ursprüngliches Maß reduzieren zu wollen. Christlich könnte es aber sein, sich einerseits bei den Schmausereien des Aschermittwochs nichts abgehen zu lassen, den gleichen Wert des Konsums in Geld aber einer karitativen Organisation zu spenden. Damit wäre auch der alte Gedanke des Festes, daß die eigene üppige Tafel auch Bedürftigen zugute kommen soll, doch wiederum erfüllt.

Deftige Speisen für Mitternachtsbuffets und fröhliche Parties

Mutter Margarethes Neujahrssulz

Feine Schweinesülze

Schweinesülze zählt zu den Glücksspeisen. Sie wird in ländlicher Art vom Fleischer aus Schweinekopf, Schweinefüßen, Schwarten und Schweineschwänzchen gekocht und zubereitet. Mutter Margarethe hatte etwas heikle Esser zu betreuen und hat daher die Rezeptur und das Produkt feiner und eleganter gemacht.

1 frische, hintere Schweinshachse (Schweinsstelze) (nicht gepökelt oder geräuchert!), 500 g Rindfleisch (Suppenfleisch), 750 g Schweineschwarten, 1 großer Bund Suppengrün, 3 große oder 4 mittlere Karotten, 1 Zwiebel, 2 bis 3 Eßlöffel Essig, Salz, 1 Eßlöffel Pfefferkörner (schwarz), 1 Teelöffel Pimentkörner (Neugewürz), 3 Gewürznelken (ganz), 2 große Lorbeerblätter, evtl. 1 Teelöffel Senfkörner, evtl. 1 Suppenbrühwürfel, evtl. 6 Blatt weiße Gelatine oder Gelatinepulver

Für die Garnitur:

3 hartgekochte Eier, 1 Glas eingelegte Gürkchen (süß-sauer), 1 kleine Dose grüne Erbsen, frisch geriebener Meerrettich (Kren)

Die gewaschene und geputzte Hachse, das Suppenfleisch, die geputzten Schwarten, das geputzte Suppengrün, die geschälte und halbierte Zwiebel mit den Gewürzen und dem Essig in einem großen und hohen Suppentopf in zuerst kaltem Wasser langsam zum Kochen bringen. Darauf achten, daß das Wasser das Fleisch völlig bedeckt. Wenn das Wasser kocht, die Temperatur so reduzieren, daß es nur mehr siedet oder leicht wallt. Den Deckel auf den Suppentopf so setzen, daß ein Spalt offen bleibt. Aufsteigenden Schaum an der Oberfläche der

Suppe immer wieder abschöpfen. Bei Verdampfungsverlust, der den Spiegel der Suppe so weit senkt, daß die Fleischeinlagen herausragen, rechtzeitig mit warmem Wasser nachgießen. Der Kochvorgang dauert 1,5 bis 2 Stunden und ist dann beendet, wenn die Schweinshachse durch und durch gar ist (Gabelprobe!) und wenn eine einzelne Schwarte so weich gekocht ist, daß man sie zwischen zwei Fingern ganz zusammendrücken kann. Eine halbe Stunde vor Ende des Kochvorgangs die geschälten, ganzen Karotten zufügen, so daß sie am Ende ebenfalls kernig weich gekocht sind.
Fleisch, Schwarten und Karotten aus der Suppe nehmen. Die Suppe durch ein Sieb laufen und abkühlen lassen. Ausgekochtes Fett an der Oberfläche abschöpfen und weggeben. Zur weiteren Verarbeitung soll die Sulzsuppe, die leicht trüb ist, möglichst fettfrei und lippenwarm sein.
Die Schwarten weggeben, die Schweinshachse komplett vom Knochen lösen, Schwarten und Fettanteile ebenfalls wegschneiden und weggeben, so daß nur mehr das gekochte Schweinefleisch übrigbleibt. Auch das mitgekochte Rindfleisch von Fett, Flechsen und Knorpeln befreien. Schweinefleisch und Rindfleisch in gleich große Würfel schneiden, die ungefähr 5 bis 10 Millimeter Kantenlänge haben sollen. Die Fleischwürfel und die Karotten zugedeckt auskühlen lassen. Die ausgekühlte Suppe abschmecken und nachwürzen. Sie soll kräftig schmecken, aber nicht zu scharf oder zu sauer sein. Nun 1 bis 2 Eßlöffel der Suppe in einem Glas der Gelierprobe unterziehen, d. h., daß nach dem Kaltstellen im Kühlschrank die Flüssigkeit innerhalb von ca. 10 Minuten fest geworden sein muß. Hat die Suppe zu wenig Gelierkraft, muß mit Gelatineblättern oder Gelatinepulver nachgeholfen werden. Gehen Sie hier entsprechend der Pakkungsangaben vor.
Ist die Gelierprobe gelungen – bzw. nach Hinzufügen der Gelatine –, folgt die weitere Zubereitung. Dafür werden entweder einzelne, kleine Förmchen oder eine große Form mit ebenem und glattwandigem Boden und nach oben hin konischen Wänden verwendet, Kompottschüsselchen, eine große Glasschüssel oder auch Suppenteller oder Suppenschalen. Den Boden der Formen mit einem sogenannten Spiegel ausgießen, also die Sulzsuppe zuerst einmal nur auf ca. 3 Millimeter Höhe eingießen und im Kühlschrank erstarren lassen.
Mutter Margarethe hatte eine im Winter natürlich nicht beheizte Speisekammer, also entsprechend viel Raum zur Verfügung. Wer diese Erleichterung nicht besitzt, muß eben im Kühlschrank rechtzeitig Platz schaffen.

Auf die gelierten Spiegel ein Dekorationsmuster setzen. Dafür zuerst die geschälten, harten Eier mit dem Eiteiler in Scheiben schneiden, die Karotten und die Essiggürkchen ebenfalls in Scheibchen schneiden, die Dosenerbsen im Sieb abtropfen lassen.
Das Belegen der Spiegel erfolgt jetzt nach farblicher und persönlicher Vorliebe für Muster und Ornamente. Übriggebliebene harte Eier, Karotten und Gurken sowie Erbsen können in Würfel geschnitten und unter die Fleischwürfel gemischt werden.
Dann die Formen mit der Fleischeinlage füllen, aber dabei beachten, daß bis zum obersten Rand ein Fingerbreit Platz bleibt. Jede Form nun mit der Sulzsuppe so weit füllen, daß die Fleischeinlage glatt bedeckt ist. Alles erneut kalt stellen, bis es innerhalb von ca. 2 bis 3 Stunden durch und durch erstarrt ist. Am besten ist es, wenn Sie diese feine Sülze nun über Nacht kalt stellen.
Vor dem Servieren wird die Sülze aus den Formen auf Teller oder eine Platte gestürzt. Dazu zuerst die Ränder vorsichtig mit einem Messer lockern, aber nicht in die Tiefe stechen. Dann die jeweilige Form kurz in heißes Wasser tauchen, damit sich der Inhalt herausstürzen läßt.
Zum Servieren werden die Sülzchen mit fein gehackter Zwiebel umkränzt, mit etwas Essig und feinem Tafelöl übergossen und mit frisch geriebenem Meerrettich bestreut. Diese Zutaten können aber auch extra gereicht werden.
Dazu paßt knuspriges Bauernbrot, helles Bier und vielleicht auch ein kleiner, klarer Schnaps.

Ländliche Leberterrine nach Hausmannsart

1 kg Schweineleber, in Würfeln zu ca. 1 cm Kantenlänge geschnitten, 500 g gemischtes Hackfleisch (Faschiertes), 500 g frischer Schweinespeck, ebenfalls gewürfelt, 2 altbackene Semmeln, in Wasser eingeweicht und ausgedrückt, 1/8 l Crème fraîche, 1 Glas eingelegte Weinblätter (200 g Nettoeinwaage), 150 g geschälte grüne Pistazien (gesalzen), 1 große Gemüsezwiebel, 1/8 l Kognak oder Weinbrand, Salz, schwarzer Pfeffer (gemahlen), 1 Päckchen Pastetengewürzmischung, 2 bis 3 Lorbeerblätter, evtl. feiner Dinkelgrieß

Die Leberwürfel in einer großen Schüssel mit Kognak übergießen, mit Pastetengewürz bestreuen und etwas durchmischen. Kühl mindestens 2 Stunden stehen lassen.

In einer geräumigen Pfanne die Hälfte der Speckwürfel anbraten, bis sie beginnen, Fett zu lassen. Die grob gehackte Zwiebel zufügen sowie zwei Drittel der nur leicht abgetropften Leberwürfel. Dabei achten, daß die Kognakmarinade nicht verlorengeht, sie wird weiter verwendet. Die Speck-Zwiebel-Leber-Mischung nun scharf in der Pfanne durchrösten, bis die Leberstücke völlig grau geworden sind. Sie müssen aber im Inneren nicht durchgebraten sein. Die Pfanne vom Feuer nehmen und die Mischung auskühlen lassen.
Für den nächsten Arbeitsschritt brauchen Sie eine Fleischmaschine mit grober und feiner Lochscheibe oder den Cutter einer Küchenmaschine.
Die ausgekühlte Lebermischung, das Hackfleisch, der restliche Speck und die eingeweichten Semmeln werden nun zweimal durch die Fleischmaschine gedreht oder im Cutter sehr fein püriert. Diese Masse („Farce") wird nun mit der Crème fraîche und der Marinadenflüssigkeit zu einer möglichst feinen pastenförmigen Konsistenz weitergerührt. Die Farce soll dickpastig sein. Erscheint sie zu weich, kann feiner Dinkelgrieß untergerührt werden, der die Masse anziehen läßt. Die Pistazien hineinmischen, mit Salz und Pfeffer abschmecken, die Masse soll gut gewürzt sein.
Eine verschließbare Terrinen- oder Puddingform mit den Weinblättern dicht und lückenlos, also überlappend, auskleiden. Eingelegte Weinblätter brauchen nur kurz mit frischem Wasser überspült zu werden. Die dicken Stiele wegschneiden, und die Blätter mit der glatten Seite nach außen so in die Form legen, daß sie über den oberen Rand hinausreichen.
Nun die Form füllen. Zuerst eine Schicht Farce eingeben und glattstreichen, dann einige der restlichen marinierten, rohen Leberwürfel als Einlage in die Farce drücken. Achtung: Nicht den Fehler machen, die rohen Leberwürfel zu salzen. Leber darf immer erst nach einem Garvorgang gewürzt werden, sie würde sonst hart und zäh. Schicht für Schicht so weiterverfahren. Abschließend die Farce mit Lorbeerblättern belegen und die überstehenden Weinblätter darüberklappen. Die Füllung muß gleichmäßig hoch und glattgestrichen sein. Nun die Terrinenform verschließen und in einem Wasserbad langsam garen. Dabei sollte das Wasser bis unter den Deckelrand der Form stehen, nicht heftig wallen, sondern gleichmäßig sieden. Wenn durch Abdunsten der Wasserspiegel fällt, immer entsprechend viel warmes Wasser nachgießen. Die Garzeit liegt bei der angegebenen Masse bei ca. $1^1/_2$ Stunden.
Garprobe: Das während des Garens austretende Fett, das sich über der Terrine zeigt, muß wasserhell und klar sein. Es wird bei dieser Gelegenheit am besten

gleich abgegossen. Dann erfolgt ein vorsichtiger Einstich in die Masse mit einer langen Spicknadel. Tritt aus dem Einstichloch ein heller Safttropfen aus, deutet dies ebenfalls auf die vollendete Garung hin.
Die Terrine im Wasserbad auskühlen lassen. Dann die Form herausheben und auf einen entsprechend großen Teller oder eine Platte stürzen.
Nun die Terrine, die durch die Weinblätter ein prächtig grünes Kleid hat, locker mit Alufolie bedecken und zum weiteren und endgültigen Auskühlen an einen geeigneten Ort bringen. Erst wenn sie vollständig abgekühlt ist, soll sie im Kühlschrank noch ein bis zwei Tage reifen. Sie kann dort ohne Probleme auch bis zu einer Woche aufbewahrt werden, ihr Geschmack wird dadurch sogar noch verbessert.

Heringssalat

300 g Kartoffeln, 200 g rote Rüben, 200 g Sellerieknolle, 200 g Äpfel, 300 g marinierte Heringsfilets, Salz, Pfeffer, 2 Teelöffel Kapern, 1/2 Teelöffel Zucker, Senf, 1/8 l saure Sahne (Sauerrahm), 1/8 l Leichtmayonnaise

Kartoffeln kochen, schälen und in Würfel schneiden, rote Rüben kochen, schälen und ebenfalls in Stücke schneiden. Sellerie schälen, kochen und würfelig schneiden, Äpfel schälen und würfeln. Die Heringsfilets in Stücke schneiden (sind Zwiebelringe beim Hering, so werden sie etwas kleiner gehackt und ebenfalls in den Salat gemischt). Alle Zutaten in einer großen Schüssel vermischen.
Für die Marinade Sahne und Leichtmayonnaise gut verrühren, gehackte Kapern und die Gewürze dazugeben. Marinade unter den Salat mischen.

Fritierte Kichererbsen-Bällchen
Falafel

Diese Bällchen sind im ganzen Nahen und Mittleren Osten jene vegetarischen Köstlichkeiten, die Fleisch völlig vergessen lassen. Sie werden heiß, aber auch kalt mit Salaten, Soßen oder einfach mit den Fingern gegessen.

150 g trockene Kichererbsen, 2 mittlere Zwiebeln, 2 Knoblauchzehen, 1 Bund Petersilie, 3 Eßlöffel Semmelbrösel, 1 Teelöffel Kreuzkümmel (Kumin), 1 Teelöffel Koriander (gemahlen), Pfeffer, Salz, 5 Eßlöffel Sesamkörner zum Bestreuen, Öl zum Ausbacken

Diese Menge reicht für rund 20 Bällchen.

Kichererbsen in einem großen Topf gut mit Wasser bedecken. 24 Stunden lang einweichen, dabei, wenn nötig, Wasser nachgießen, denn die Kichererbsen quellen stark. Wenn sich auf der Wasseroberfläche Schaum bildet, Wasser wechseln. Nach 24 Stunden Wasser abgießen, Kichererbsen abtropfen lassen. Zwiebeln, Knoblauch und Petersilie grob schneiden und gemeinsam mit den Kichererbsen im Cutter der Küchenmaschine feinst hacken oder durch den Fleischwolf drehen. Gewürze beigeben und gut durchmischen. Semmelbrösel untermischen. Sesamkörner in eine kleine Schüssel geben. Aus der Kichererbsenmasse kleine Bällchen formen und in Sesam wälzen. Öl in einer Friteuse erhitzen (oder in einer Pfanne, mindestens 3 Finger hoch). Die Bällchen in das heiße Fett legen und von allen Seiten gleichmäßig ausbacken. Immer nur so viele Bällchen einlegen, daß sie einander nicht berühren. Herausnehmen, auf Küchenkrepp abtropfen lassen.

Mitternachtssuppe

„Zum Gästewecken“ kochen die Frauen aus Lustenau in Vorarlberg diese Suppe.

400 g Zwiebeln, Öl zum Anrösten, 250 g Rinderhackfleisch (-faschiertes), 150 g Sauerkraut, 2 Eßlöffel Tomatenmark, 1 Eßlöffel Paprikapulver (scharf), 1 Eßlöffel Paprikapulver (edelsüß), 1 l Wasser, 1 bis 2 Suppenwürfel, 2 Essiggurken, 2 Knoblauchzehen (gepreßt), etwas Salz, Pfeffer, 1/4 l saure Sahne (Sauerrahm)

Zwiebel schälen, fein schneiden. Öl in einem Topf erhitzen, Zwiebel gut anrösten, Rinderhackfleisch zugeben und scharf durchrösten. Sauerkraut ein- oder zweimal durchschneiden, damit die Krautfäden kürzer sind, beigeben, durchrühren. Paprika, Salz, Pfeffer, Tomatenmark einrühren und mit Wasser aufgießen. Suppenwürfel zugeben und etwa 20 Minuten leicht köcheln lassen. Knapp vor dem Garwerden die klein gehackten Essiggurken einrühren und die Suppe abschmecken. Sahne und Knoblauch in einem Gefäß gut vermischen. Beim Servieren in die Mitte jedes Tellers Suppe einen Löffel der Sahne-Knoblauch-Mischung setzen.

Mohn-Nuss-Taschen

Mohn- und Nußgebäcke dürfen traditionell zu Neujahr nicht fehlen, denn sie gelten als Glücksbringer. In diesen Mohn-Nuß-Taschen ist beides vereint: Nüsse im Teig und Mohn in der Fülle. Dieses Festgebäck kommt aus der jüdischen Küche und wird dort noch heute zu einem fröhlichen, ausgelassenen Fest serviert.

Für den Teig:
400 g Mehl, 1 Päckchen Backpulver, 250 g Butter, 1 Ei, 120 g Zucker, 60 g gemahlene Nüsse, Ei zum Bestreichen
Für die Mohnfülle:
100 g gemahlener Mohn, 1 Eßlöffel Honig, 1 Eßlöffel Zucker, 1/8 l Milch, etwas abgeriebene Zitronenschale, 1 Prise Zimt (gemahlen), evtl. 2 Eßlöffel Rosinen
Dieser mürbe Nußteig sollte rasch und „mit kalten Händen“ verarbeitet werden. Auch die Butter soll möglichst kalt sein.
Mehl mit Backpulver vermischt auf eine Arbeitsfläche sieben, in der Mitte eine Mulde eindrücken und das Ei hineingeben. Butter in kleine Stücke schneiden oder, wenn sie sehr kalt ist, mit einer Küchenreibe reiben und unter das Mehl mischen. Zucker und Nüsse darüber streuen. Den Teig gut verkneten, die Teigkugel mehrmals durchschneiden und noch einmal verkneten. Im Kühlschrank 1/2 Stunde ruhen lassen.
Für die Fülle Milch, Honig, Zucker und Gewürze erhitzen, Mohn einrühren und etwa 2 Minuten zu einem dicken Brei kochen. Abkühlen lassen.
Den Backofen bei mittlerer Hitze vorheizen. Den Teig auf einer Arbeitsfläche

ausrollen (etwa $^{1}/_{2}$ Zentimeter dick), in Quadrate schneiden (etwa 7 mal 7 Zentimeter). In die Mitte jedes Teigstückes einen Teelöffel Mohnfülle geben. Die Teigränder mit verquirltem Ei bestreichen und das Quadrat zu einem Dreieck zusammenklappen. Die Ränder gut andrücken, Dreiecke auch außen mit Ei bestreichen. Nicht zu eng nebeneinander auf das Backblech legen, die Teigtaschen gehen noch etwas auf. Etwa 15 Minuten goldgelb backen.

Bayrische Kücherl

Sie sind die bäuerlich-deftige Antwort auf die feinen städtischen Faschingskrapfen (das Schmalzgebäck zur Karnevalszeit). Erst nach dem Backen werden sie mit Marmelade gefüllt. Bayrische Kücherl werden in Bayern auch Schmalz- oder Knienudeln genannt. Sie lassen sich auch sehr gut aus Vollkornmehl herstellen. Am besten eignet sich eine Mischung aus Dinkel- und Weizenmehl.

450 g Mehl, 1 Päckchen Trockenhefe, 40 g Zucker, 50 g Butter (weich), 2 Eier, 1 Prise Salz, etwas abgeriebene Zitronenschale, 2 Eßlöffel Rum, einige Löffel lauwarme Milch, Mehl zum Ausrollen, Fett zum Ausbacken, Zucker zum Bestreuen, Aprikosenmarmelade zum Füllen

Mehl, Trockenhefe und Zucker vermischen. Eier, Butter, Salz, Rum, Zitronenschale unterrühren und mit den Knethaken des Handmixers gut durchschlagen. Nach Bedarf etwas Milch zugießen, so daß ein mittelfester Teig entsteht. Teig zudecken und an einem warmen Ort ohne Luftzug $^{1}/_{2}$ Stunde aufgehen lassen. Danach auf einer bemehlten Arbeitsfläche, die aber nicht kalt sein darf, ausrollen (ca. $^{1}/_{2}$ Zentimeter dick). Mit einem runden Ausstecher oder auch einem entsprechend großen Glas Kreise ausstechen. Die Kreise mit einem Tuch bedekken und noch einmal $^{1}/_{2}$ Stunde aufgehen lassen. In einer Pfanne 3 Finger hoch Fett erhitzen. In die Teigkreise in der Mitte mit den Daumen eine Vertiefung eindrücken und die Küchlein mit dieser Seite zuerst in das heiße Fett legen. Wenn sie goldbraun sind, umdrehen und auch auf der anderen Seite goldbraun ausbacken. Die Küchlein aus dem Fett heben, auf Küchenpapier gut abtropfen lassen. Vor dem Servieren mit Zucker bestreuen und mit Marmelade füllen.

Wenn Sie nicht ausgesprochene Naschkatzen haben, gehen Sie sparsam mit der Marmelade um. Sie können die Küchlein auch ungefüllt lassen und Marmelade in Schüsseln auf den Tisch stellen, damit jeder seine Küchlein selbst füllen kann.

Gedanken

zu einem Fest des Friedens

Der Herr der Heere wird auf diesem Berg für alle Völker ein Festmahl geben mit den feinsten Speisen, ein Gelage mit erlesenen Weinen, mit den besten und feinsten Speisen, mit besten, erlesenen Weinen. Er zerreißt auf diesem Berg die Hülle, die alle Nationen verhüllt, und die Decke, die alle Völker bedeckt. Er beseitigt den Tod für immer. Gott, der Herr, wischt die Tränen ab von jedem Gesicht. Auf der ganzen Erde nimmt er von seinem Volk die Schande hinweg. Ja, der Herr hat gesprochen.

Jesaja 25, 6–8

Treffender kann man wohl eine alles bestimmende Sehnsucht nicht ausdrücken, als es im Buch des Jesaja geschieht. Die Sehnsucht nach einem nie endenden Fest, die Sehnsucht nach einem Fest in Jerusalem, auf Jerusalems heiligem Berg: eine Sehnsucht, die nicht nachgelassen hat bis zum heutigen Tag, nach einem Festmahl in dieser geteilten Stadt, in diesem von Gott geliebten Gebilde, das eigentlich keine rechte Stadt ist, sondern ein zu Stein gewordener Schrei nach Frieden und nach Gerechtigkeit.

Wer schon einmal in Jerusalem weilen durfte und wer das Glück hatte, dieses unwahrscheinliche Gebilde auf sich wirken zu lassen, weiß, was ich meine und fühle. Jerusalem kann man nicht mit dem Geist begreifen, sondern nur mit dem Herzen oder mit dem, was man im Bereich der heiligen Schriften Herz genannt hat und zum Glück auch bisweilen noch so nennt. Wobei der Herzensbegriff wenig mit Romantik zu tun hat, denn zu gut wissen die Autoren dieser Schriften, daß das Zentrum des Menschen sowohl ein Brennpunkt der Sehnsucht nach einem allumfassenden Frieden, einem *Shalom* ist, als auch ein Faß sein kann, das mit Haß, Neid und Lust am Zerstören angefüllt ist. Wohl deshalb hat schon vor über 2600 Jahren diese Erkenntnis zu der Vision geführt, es werde eines „schönen" Tages, wenn all die äußeren und inneren Kämpfe ausgetragen sind, hier ein Festmahl des Friedens veranstaltet; Gastgeber oder Gast ist der Schöpfer selbst, ist der Gott, der sein Volk, seine Kinder, durch die Geschichte aller Höhen und Tiefen begleitet hat. Es wird ein Fest sein, bei dem feinste Speisen und herrliche Weine zum Genuß bereitstehen werden. Es wird ein Fest sein, bei dem die Bretter von den Stirnen der mächtigen Kontrahenten genommen werden, und all die Nebel, die die Möglichkeiten zur Verständigung verdunkelt haben, steigen auf und verlieren sich im Licht, das die Stadt erleuchtet, deren Bürgermeister der Herr selbst ist. Es wird, wie es heißt, auch „die Decke von den Völkern weggenommen, die sie bedeckt hat", die Decke der Belastungen, der Mühen und zugleich das Joch der Unfreiheit. Und was an dieser Vision besonders beeindruckt, ist, daß bei diesem Mahl der größte Konflikt gelöst wird, der den Menschen in seinem Leben und Sein bedroht, der Tod. Endgültig wird er aus dem Leben gestrichen. Welch ein Ereignis, wenn wir der Ängste gedenken, die den Menschen im Angesicht des Todes befallen, welch ein Freudenschrei angesichts der milliardenfachen Tode, die wir Menschen gestorben sind und noch sterben werden. Die milliardenfachen, grausamen Tode, die wir Menschen einander antun!

Gott der Herr selbst wird die Tränen von den Wimpern und Wangen der Opfer wischen, und während sich die Decke hebt, werden wir erkennen können, wozu diese Tränen und diese Tode notwendig waren. Vielleicht hat aber die Festesfreude eine solche Kraft, daß wir die Frage nach dem Warum nicht mehr stellen, auch weil wir uns als Eingeladene verstehen; als Sehnsüchtige und Friedliebende, als Gäste eines Festes mit intensivster Kommunikation und Kommunion, die alle glückseligen Erfahrungen unseres Lebens weit übersteigen wird; als Gastfreunde Gottes. So wie Abraham seine Freundschaft mit Gott mit einem Mahl begonnen hat, so bricht auch für den Eingeladenen beim Fest der Völker eine neue Art von Gemeinschaft an, die eben Freundschaft ist, Freundschaft, die Gleichheit bestätigt. Daher tut es so gut, diese Verheißung zu kennen, zu wissen, daß ich dann, als Schwester und Bruder des Menschensohnes, wenn ich all die Höhen und Tiefen der menschlichen Existenz durchwandert habe, an diesem Tisch ankommen werde, eingeladen mit Freude von einem Freund, und daß ich dann Platz nehmen kann bei dem, der auch meine letzte Einsamkeit von mir nimmt.

Es tut gut zu wissen, daß mich der Herr erwartet.

Kindschauen und Taufschmaus

Kulinarisches um die Geburt

Wenn ein Kind geboren wird, dann ist das über alle Kulturen hinweg und auf der ganzen Welt Grund und Anlaß zu einem Fest. Denn es gilt, einen neu angekommenen Menschen zu begrüßen. Zwar unterscheiden sich hier in den verschiedenen Religionen die Vorstellungen über diese Ankunft. Während die einen sicher sind, daß ein neues Menschenkind geboren wurde, meinen andere, daß es sich um die Wiederkehr eines Menschen handelt, der schon einmal bzw. mehrmals gelebt hat. Aber allen religiösen Vorstellungen ist gemeinsam, daß dieser für Mutter und Kind höchst schmerzhafte und auch gefährliche Eintritt in das neue Leben bedeutungsvoll ist. Und zwar nicht nur für die jungen Eltern, sondern auch für die soziale Gruppe, die Sippe, den Stamm, dem sie angehören. Und letztlich wurden daran auch nationale und staatliche Vorschriften geknüpft, die jedes Elternpaar spätestens dann erfährt, wenn es darum geht, in tagelangem Hindernislauf durch die Behörden diesen winzigen und neugeborenen Menschen mit Hilfe von Papieren und Dokumenten staatsbürgerlich abzusichern. Schon aufgrund dieses behördlich bedingten Kraftaufwandes ist verständlich, daß dringend Labung geboten ist.

Stärkung für Mutter und Kind

So dachten aber schon die steinzeitlichen Jägergruppen, die bäuerlichen Großfamilien, die Zünfte und Gilden der mittelalterlichen Städte: Es ist notwendig, dem Kind und der Mutter eine Stärkung angedeihen zu lassen. Wie immer sich das dann später rituell veränderte, ursprünglich war das Geburtsfest eine Gruppenleistung zur sozialen Absicherung des neugeborenen Kindes und damit auch seine Anerkennung als Familien-, Gruppen- oder Stammesmitglied. Womit der Taufschmaus schon zwei wichtige gesellschaftliche Wurzeln hat – die Zeichen der Solidarität und die der Legitimität. Darüber hinaus entfaltete sich selbstverständlich eine Fülle von Sitten und Gebräuchen, die magischen Hintergrund haben. Schließlich müssen Mutter und Kind vor vielen Gefahren, die früher nicht durch die Künste der Medizin abgewendet werden konnten, geschützt werden. Bis heute haben sich in vielen ländlichen Gebieten, aber auch im städtischen Bürgertum einige dieser alten Vorstellungen gehalten. Zum Beispiel müssen die Neugeborenen, die zur Taufe in die Kirche gebracht werden, auf kürzestem und direktem Weg dorthin getragen werden. Ein Umweg hätte zur Folge, daß später der erwachsene Mensch auf Reisen Probleme hätte, den richtigen Weg zu finden. Auch darf auf dem Weg zur Taufe nicht jedermann und vor allem kein Fremder das Kind anschauen. Es könnte „verschrieen", also mit einem bösen Blick behext werden. Die Wöchnerin, die ja früher nicht zur Kirche gehen konnte und bei der Taufe nicht anwesend war, wurde in manchen Gegenden sogar zu Hause durch einen Männermantel vor dem Angriff böser Geister geschützt. Volkstümlich herrscht offensichtlich die tröstliche Ansicht, daß böse Geister nicht besonders intelligent sind und daher unter einem männlichen Kleidungsstück die Frau nicht finden können.

Wollte man weltweit alle Rituale rund um eine Geburt und um eine Taufe bzw. Aufnahme eines Neugeborenen in die jeweilige Gemeinschaft auflisten, würde es ganze Bibliotheken füllen. Was uns wiederum beweist, für wie wichtig die Menschheit diesen ersten Schritt ins Leben immer schon angesehen hat.

Eßbare Geschenke

Aus den Speisengeschenken der herbeieilenden Verwandten und Nachbarn wurde in Europa dann mit der Zeit das Festmahl anläßlich der Geburt bzw. der Taufe des Kindes. Denn es liegt in der menschlichen Natur, daß mitgebrachte Geschenke am besten auch gleich gemeinsam verzehrt werden. Übrigens waren in Mittel- und Norddeutschland bei Ankunft eines Kindes sogenannte „Tütengeschenke" weit verbreitet: Die freundlichen Gaben wurden in hübsch geschmückten Spitztüten, im Süddeutschen „Stanitzel" genannt, überreicht. Interessanterweise hat sich diese Sitte heutzutage fast überall durchgesetzt. Aber da ist das Kind schon etwas größer, denn aus dem alten Tütengeschenk wurde die allseits bekannte Schultüte voll Süßigkeiten für den ersten Schultag.
Mit der Zeit verband sich also das Nützliche mit dem Angenehmen, das Notwendige mit dem Sinnenfrohen. Das Hauptmotiv aller Geschenkbringer war natürlich auch das „Kindschauen". Hier war keine Gefahr des bösen Blicks gegeben, denn ein Geschenkbringer kann keine böse Absicht haben. Im Wien des 18. Jahrhunderts wird das Kinderschauen und der Besuch der Wöchnerin von Nachbarn und Verwandten bereits zu einem höchst opulenten Dauerfest, bei dem alle hauptsächlich weiblichen Gäste natürlich auch reich bewirtet werden müssen. Ein Chronist berichtet, daß „wochenlang" die Schokolade und der Kaffee nicht vom Feuer kamen und sich durch diese nicht enden wollende Bewirtung ein braver Familienvater ohne weiteres in den Bankrott stürzen konnte. Tatsächlich waren ja Schokolade und Kaffee damals noch sehr teure Spezereien. Ein Geburtsessen konnte auch größere Dimensionen haben. Denn als die Kaiserin Maria Theresia ihren ersten Sohn, den Thronfolger Joseph, geboren hatte, fiel ganz Wien in einen einzigen Freudentaumel, in dem nicht nur die Stadt bekränzt wurde, sondern auch über alle Stände hinweg üppigste Festessen abgehalten wurden.

Die guten Paten

In ländlichen und bäuerlichen Bräuchen ist die Rolle des Taufpaten oder der Taufpatin auch mit der Nahrungsversorgung verbunden. Pate oder Patin werden ja von der Familie Wochen vor der Geburt des Kindes ausgesucht und mit der Bitte um Übernahme der Patenschaft konfrontiert. Die Auswahl der Person ist

eine ungeheuer wichtige und auch sehr komplizierte Aufgabe. Schließlich wird hier nicht nur im Sinne des Glaubens, sondern auch im sozialen Sinn eine wichtige Bezugsperson für den kommenden Erdenbürger bestimmt. Zwar bedeutet das Wort „godo" im Althochdeutschen bzw. „gote" im Mittelhochdeutschen nur Taufzeuge, aber der süddeutsche und österreichische Volksmund haben der „guten Gödl" oder dem „Herrn God" immer eine materielle, sozialversichernde Note in der Bedeutung mitgegeben. Wobei der Göd heute vom Taufpaten schon längst zum Firmpaten geworden ist – doch davon später.
Jedenfalls war es früher Sitte, daß die zukünftige Taufpatin der Familie der schwangeren Frau einige Wochen vor der Entbindung bei Besuchen immer wieder Nahrungsmittel, meist in Form von Gebäcken, mitgebracht hat. Neben der Hebamme hat sie sich auch die erste Zeit nach der Entbindung um Mutter und Kind gekümmert. Wobei es wieder vornehmlich ihre Aufgabe war, für das leibliche Wohl der Familie zu sorgen. Meist war es auch nur die Taufpatin, die gemeinsam mit der Hebamme das neugeborene Kind zur Taufe brachte. Im bäuerlichen Leben hatte ja oft genug der Vater keine Zeit, dem kirchlichen Taufakt selbst beizuwohnen. Andererseits wollte man die Taufe sehr schnell erledigt wissen, damit im Falle von Krankheit und Tod das Kind nicht als Heide sterben müßte. Brauch war es bis in die jüngste Vergangenheit, daß die Patin oder der Pate mit der Hebamme nach dem kirchlichen Sakrament, natürlich samt dem soeben getauften Säugling, im Wirtshaus zu einem guten Mahl und reichlichen Getränken einkehrten. Für viele Hebammen, die selbst arme Frauen waren, war dieses Festessen ein Höhepunkt, auf den sie sich schon lange gefreut hatten. Die Rechnung jedenfalls mußte der Kindsvater oder die Patin bezahlen,

und damit war das Wirtshausessen für die Hebamme indirekt auch ein Teil ihrer Entlohnung. Sie wird sich also nicht geziert haben, tüchtig zuzugreifen und sich einen guten Schluck zu gönnen. In vielen Anekdoten und volkstümlichen Legenden und Schwänken taucht darum gerne das Motiv auf, daß die beiden Bezechten auf dem weiteren Heimweg das Kind im Wirtshaus vergessen. Vielleicht ist dies tatsächlich einmal geschehen, aber es scheint sich doch um ein Versatzstück volkstümlichen Erzählens zu handeln, das jedenfalls in diesem Zusammenhang Geburt, Essen und Trinken skurril bestätigt.
Was auf jeden Fall bleibt, ist die rituelle Verbindung des Paten oder der Patin mit dem Patenkind über Nahrungsgeschenke. Zum Allerheiligenfest werden den Patenkindern gebackene Striezel – Hefezöpfe – geschenkt, zu Weihnachten Kletzenbrote und zu Ostern Eier und auch Festtagsgebäcke, die sogenannten Patenbrote. Aus dem österlichen Eiergeschenk hat sich dann viel später der Brauch des Versteckens und Suchens der buntgefärbten Eier entwickelt. Auch Patenschaft geht durch den Magen, und so wurde über Hunderte von Jahren für Kinder ärmerer Familien aus dem alten Festmahl anläßlich der Geburt eine über die wichtigsten Lebensjahre hinwegreichende Lebensmittelzusatzversicherung, also eine sehr bedeutende soziale Unterstützung.

Christliches Taufessen

Daß die christliche Taufe und ein üppiges Essen eine starke gemeinsame Tradition haben, zeigt aber auch die Bibel. In der Apostelgeschichte des Neuen Testaments ist von Lukas eine Szene übermittelt, die wahrscheinlich eines der ersten christlichen Taufessen beschreibt. Auf der zweiten Missionsreise des Apostels Paulus waren er und sein Gefährte Silas in der makedonischen Stadt Philippi ins Gefängnis geworfen worden. Der Apostel hatte nämlich einer weissagenden Sklavin ihren Dämon ausgetrieben und sie damit geheilt. Das war ihrem Besitzer absolut nicht recht, denn der hatte mit der Krankheit des Mädchens gute Geschäfte gemacht. Paulus und Silas wurden vor Gericht gezerrt, zur Prügelstrafe verurteilt und nach deren Vollzug in den Sicherheitstrakt des römischen Gefängnisses geworfen. Um Mitternacht erschütterte ein Erdbeben die Stadt, stark genug, um die Kerkertüren aufzusprengen. Der römische Centurio, der das Gefängnis kommandierte, wollte sich daraufhin ins Schwert stürzen. Denn er nahm an, daß die Gefangenen geflohen seien, und nach römischem Recht mußte er dafür hingerichtet werden. Paulus aber hielt ihn davon ab, indem er rief: „Wir sind doch alle noch da!“ Tatsächlich dürfte keiner der Gefangenen geflohen sein. Jetzt brachte der überglückliche Centurio die beiden „Spezialgefangenen“ aus Dankbarkeit in sein Haus. Paulus nützte die Gelegenheit sofort zur Predigt und taufte den römischen Offizier samt seiner ganzen Familie im Namen Christi. Und dann fand ein großes Festmahl statt. Lukas erzählt, daß Paulus und Silas auch gepflegt wurden, indem man ihnen die Wunden auswusch. Jedenfalls dauerte der Fest- und Taufschmaus bis zum Morgen. Es gab dabei kein neugeborenes Kind, keine Taufpaten und auch sonst nichts, was zu einer heutigen christlichen Taufe gehört. Denn der Apostel Paulus taufte nur erwachsene Menschen durch Handauflegung und durch das Gebet. Die Freude und die Herzlichkeit des nächtlichen Familienfestes ist aber aus den Zeilen der Apostelgeschichte noch sehr gut herauszuspüren.

Das Festmahl im Familien- und Freundeskreis anläßlich der Geburt eines Kindes, das Taufessen je nach regionaler Tradition, das gibt es noch im häuslichen Rahmen bäuerlichen und bürgerlichen Lebens. Obwohl es in modernen Zeiten und vor allem in Zeiten des Wohlstands auch oft in Gastwirtschaften oder Restaurants abgehalten wird. In jedem Fall aber ist es ein Symbol für den neuen Erdenmenschen, daß er angenommen wird, daß er aufgenommen ist und daß ihm alle Wünsche zugeeignet sind, es möge ihm der Tisch des Lebens immer gut bereitet sein.

Herzhafte Speisen zur Ankunft des Kindes

Ziegenkäse garniert

Eine ganz einfache, aber exquisite Vorspeise

Etwa 250 g Ziegenkäsekugeln (in Öl eingelegt), 12 große Oliven, 100 g Kürbiskerne, 3 Handvoll frische Kresse oder aber einige Blätter Salat, etwa Rucola, Frisée oder Löwenzahn

Kresse waschen und trockentupfen. Auf jeden Teller ein Kressebeet streuen, darauf die Käsekugeln und Oliven garnieren. Ein wenig vom Öl des Ziegenkäses darüberträufeln und abschließend Kürbiskerne darüber streuen. Mit Weißbrot servieren.

Crostini

1 Stangenweißbrot, 2 Knoblauchzehen, Salz, Pfeffer, 5 bis 6 Tomaten, Olivenöl, 1 kleiner Bund frisches Basilikum, 2 Eßlöffel Parmesan, 125 g Mozzarella

Basilikumblätter abzupfen, waschen, trockentupfen. Tomaten in kochendem Wasser blanchieren, die Haut abziehen, halbieren, die Kerne mit einem Löffel herauslösen und die Tomaten in kleine Würfel schneiden. Knoblauch schälen. Mozzarella in kleine Würfel schneiden. Brot in Scheiben schneiden und kurz im Backofen überbähen. Knoblauch pressen und die leicht gebähten Brotscheiben damit bestreichen, Tomatenwürfel und Basilikumblättchen darauf legen, pfeffern, salzen und leicht mit etwas Olivenöl beträufeln. Einen Teil der belegten

Brotscheiben ganz dünn mit Parmesan bestreuen, die übrigen mit Mozzarellawürfeln belegen. Im Backrohr bei Oberhitze für 5 Minuten sanft überbacken und gleich servieren.

Putenbrust auf Thunfisch

Für alle, die Kalbfleisch nicht so gerne mögen, ist diese Vorspeise eine wohlschmeckende Variante des „Vitello tonnato". Ein modernes Gericht, das allerdings bereits in den alten deutschen Kochbüchern vorkommt und dort „Kalbfleisch als falscher Thunfisch" genannt wird. Die Speise muß am Vortag zubereitet werden, und sie wird kalt serviert.

750 g bis 1 kg Putenbrust, Salz, Pfeffer-, Wacholderkörner, 1 Lorbeerblatt, 1 Eßlöffel Essig, 1 Wurzelgemüse (1 Karotte, 1 Petersilienwurzel, 1/2 Sellerieknolle, 1 kleine Stange Lauch), 1 Zwiebel, 2 Zehen Knoblauch
Für die Soße:
etwa 300 g Thunfisch (aus der Dose), 1 Eßlöffel Kapern, 1 Dose Sardellenfilets, Salz, 1 hartgekochtes Ei, 1 altbackene Semmel, Saft einer halben Zitrone, etwa 100 ml Olivenöl, etwas vom Kochwasser, also von der Suppe
Für die Dekoration:
1 gekochtes Ei, Oliven

Einen großen Topf mit Wasser, Essig, Gewürzen und dem gewaschenen und geputzten Wurzelgemüse, Zwiebel und Knoblauch zum Sieden bringen. Die gewaschene Truthahnbrust einlegen und langsam weich kochen. Fleisch herausnehmen, in eine Schüssel legen, mit der abgeseihten Suppe übergießen und über Nacht stehen lassen. Die mitgekochte Karotte und Sellerieknolle für die Soße aufheben.

Für die Soße Semmel einweichen, gut ausdrücken und mit dem geschälten, grob gehackten Ei, Salz, Thunfisch und Sardellenfilets, gekochter Karotte und Sellerieknolle im Mixer gut durchrühren. Nach und nach Olivenöl zugießen, so daß eine sämige, glatte Soße entsteht, die mit ein wenig Suppe zu einer dickflüssigen Masse wird. Zitronensaft und Kapern unterrühren. Die Putenbrust in Scheiben schneiden, auf eine Platte legen und mit der Soße übergießen. Mit gekochten Eischeiben und Oliven dekorieren.

Vollkorn-Griessnockerln

Besonders fein wird diese Suppeneinlage aus Dinkelgrieß.

150 ml Milch, 60 g Vollkorngrieß (aus Dinkel oder Weizen), Salz, 1 Prise Muskat (gerieben), 1 Ei, 20 g Butter, 1 l Fleischbrühe (Rindsuppe)
Milch mit Salz und Muskat zum Kochen bringen, Grieß einrieseln lassen, fest durchrühren und von der Flamme nehmen. In einer Schüssel Butter und Ei zu einem Abtrieb vermengen. Die gut überkühlte Grießmasse untermischen und etwa 5 Minuten ziehen lassen. Mit einem Löffel kleine Nockerln abstechen und in die siedende Suppe einlegen, nicht mehr kochen, sondern etwa 5 Minuten in der Suppe ziehen lassen.

Käsecremesuppe

1 l Rindsuppe, (evtl. 1/8 l Weißwein), 50 g Butter, 50 g Mehl, Salz, Pfeffer, 2 Knoblauchzehen, 200 g Hartkäse (gerieben), 1/8 l Schlagsahne (Schlagobers), 1 Eidotter, frische Kräuter
Butter zerlaufen lassen und das Mehl unter ständigem Rühren kurz in der Butter anrösten. Mit Suppe aufgießen, evtl. Weißwein beifügen und aufkochen. Käse einstreuen und etwa 3 Minuten köcheln lassen, dabei gut umrühren. Schlagsahne und Eidotter in einer Tasse gut verquirlen und in die Suppe, die nun nicht mehr kochen darf, einrühren. Mit Salz und Pfeffer abschmecken und erst jetzt die geschälten Knoblauchzehen in die Suppe pressen. Vor dem Servieren mit frischen Kräutern – Schnittlauch oder Kerbel – bestreuen.
Die Suppe bleibt sehr lange heiß. „Di Suppo wär reächt für 'o Ebnitar Pfarrar", sagen die Frauen aus Lustenau in Vorarlberg und meinen, erst dann, wenn man die Suppe zu Fuß den weiten Weg zur Pfarre gebracht hätte, würde man sich nicht mehr die Zunge verbrennen.

Gefüllte Kalbsbrust

1 Kalbsbrust, etwa 1,3 kg (vom Fleischer vorbereiten lassen: Knochen auslösen, so daß nur die Knorpel zurückbleiben, und eine Tasche zum Füllen untergreifen),
3 Karotten, 1 Stange Lauch, 1/2 Sellerieknolle, 1 Zwiebel, Salz, Pfeffer, etwas Butter oder Öl
Für die Fülle:
4 altbackene Semmeln, 3 Eier, 1 fein geschnittene Zwiebel, Öl zum Anrösten,
3 Eßlöffel gehackte Petersilie, Salz, etwa 1/8 l Milch. Dazu je nach Jahreszeit oder Geschmack: 200 g Pilze (besonders fein: Pfifferlinge/Eierschwammerln) oder 150 g geschälte Edelkastanien (Maroni) oder 1 Handvoll Dörrpflaumen, evtl. 80 g Kürbis- oder Pinienkerne

Semmeln kleinwürfelig schneiden, in eine breite Schüssel geben. Milch mit Eiern gut verquirlen, die Würfel damit übergießen, 5 Minuten ziehen lassen. Zwiebel in heißem Öl glasig anrösten, Petersilie beifügen, kurz durchrösten. (Wenn Sie Pilze in die Fülle geben wollen, kommen jetzt die in Streifen geschnittenen Pilze in die Pfanne und werden gut mitgedünstet.) Anschließend alles vermischen, salzen und gut durcharbeiten. Wenn nötig, etwas Milch zugeben, so daß die Fülle nicht zu fest ist. In diese Masse können nun eingearbeitet werden: Kürbiskerne, Dörrpflaumen, die vorher in Wasser eingeweicht wurden, und/oder Edelkastanien. Zur Pilzfüllung schmecken Pinienkerne sehr gut.

Gemüse putzen und in grobe Stücke schneiden. Backofen bei starker Hitze vorheizen.

Kalbsbrust innen salzen und pfeffern, Fülle in die Fleischtasche drücken, die Öffnung zunähen oder mit Holzspießen feststecken. Fleisch auch außen salzen und pfeffern. Gemüsestücke auf dem Boden der Bratpfanne verteilen, darauf den Braten legen, und zwar mit der Oberseite nach unten. Butterstücke oder Öl in die Pfanne geben, gut 1/8 l Wasser dazugießen. Pfanne in den Backofen schieben und auf mittlere Hitze zurückschalten. Braten von Zeit zu Zeit übergießen. Am besten geschieht das mit dem eigenen Saft, aber Sie können auch etwas Suppe verwenden, vor allem, wenn Flüssigkeit zugesetzt werden muß. Nach etwa 1/2 Stunde den Braten umdrehen und weiter fleißig mit dem eigenen Bratensaft übergießen. (Die Bratzeit beträgt bis zu 2 Stunden, die Kalbsbrust soll langsam gar werden.) Den fertigen Braten herausheben, den Saft mit den Gemüsestücken abgießen, passieren und abschmecken. Der Braten wird in der Zwischenzeit

wieder in die Pfanne gelegt und soll im warmen Rohr noch etwa 20 Minuten ziehen. Vor dem Servieren in Scheiben schneiden, mit wenig Saft umkränzen und Saft extra dazu servieren.
Zur gefüllten Kalbsbrust passen feine Gemüse, wie z. B. in Butter geschwenkte grüne Erbsen, oder aber Salat. Kräftige Esser werden sich auch über eine Portion Reis freuen.

Bœuf Stroganoff

Beim Bœuf Stroganoff muß alles gut vorbereitet sein. Die eigentliche Zubereitung der Speise dauert dann nur noch kurz.

Etwa 800 g Rinderfilet, 300 g Champignons, 300 g Schalotten, Salz, Pfeffer, 1 Teelöffel Senf, 1/6 l Rotwein, 1/8 l Crème fraîche, Öl zum Anbraten

Champignons putzen und in Scheiben schneiden, Schalotten schälen und in Ringe schneiden.
Fleisch waschen, trockentupfen und in Streifen schneiden (ca. 1 Zentimeter dick und 5 Zentimeter lang). Öl in einer Pfanne erhitzen und zuerst die Schalotten anbraten, dann die Champignons dazugeben und einige Minuten durchdünsten. Salz, Pfeffer und Senf hinzugeben. In einer zweiten Pfanne Öl erhitzen und das Fleisch von allen Seiten scharf anbraten (etwa 4 Minuten). Nun kommt das Fleisch mit dem Saft in das Gemüse, alles wird durchgemischt, Rotwein dazugegossen, Crème fraîche untergerührt und noch einmal kurz, aber gut erhitzt. Mit Salz und Pfeffer abschmecken und servieren.
Dazu passen Kartoffelkroketten oder Kräuterreis (siehe Seite 49).

Kalbsvögerl

Kalbsvögerl heißt im süddeutschen Raum das von der hinteren Kalbskeule abgelöste Fleisch. In den alten Rezepten wurde das Fleisch quer zur Faser mit Streifen aus fettem Speck gespickt, oder es wurden auch mehrere Stücke zusammen in ein Schweinsnetz gebunden und so gebraten und gedünstet. Dadurch trocknete das Fleisch während des Garens nicht allzusehr aus und wurde auch nicht zäh. Heute empfiehlt sich eine etwas fettärmere Zubereitung z. B. im Römertopf (Tontopf), wo das Fleisch gemeinsam mit dem Gemüse gart und so auf jeden Fall saftig und zart wird.

Etwa 800 g bis 1 kg Kalbsvögerl, Wurzelgemüse: 1/2 Sellerieknolle, 1 Karotte, 1 gelbe Rübe, 1 kleine Stange Lauch, 1 kleine Zwiebel, Salz, Pfeffer, 1/8 l Weißwein oder Rindsuppe

Fleisch waschen und mit Küchenkrepp trockentupfen, salzen und pfeffern; Wurzelgemüse putzen und in kleine Stücke schneiden. Den Boden des gut gewässerten Römertopfs mit den Gemüsestücken belegen, die Kalbsbvögerl auf das Gemüse legen. Topf gut schließen und in den kalten Backofen schieben. Dann erst auf mittlere Hitze erhitzen. Das Fleisch bleibt für etwa eineinhalb Stunden im Ofen und muß nicht mit Flüssigkeit begossen werden. Wenn Sie allerdings eine andere Pfanne verwenden, müssen Sie die Kalbsvögerl fleißig mit dem Saft aus der Pfanne übergießen.

Das fertig gedünstete Fleisch aus dem Topf nehmen und in eine andere Pfanne setzen. Das Gemüse mit dem Bratensaft passieren oder mixen und in einer Kasserolle kurz aufkochen. Die Soße abschmecken. Das Fleisch in nicht zu dünne Scheiben schneiden und vor dem Servieren mit Saft umkränzen.

Selbstgemachte Kräuternudeln

Für diese einfache, aber exquisite Speise brauchen Sie eine Nudelmaschine. Oder zumindest ein großes Nudelbrett samt Rollholz. Für dieses Rezept kann auch Dinkelmehl verwendet werden, allerdings muß hier etwas mehr Wasser zugegeben werden, da der Dinkel mehr Flüssigkeit benötigt.

500 g Mehl, 2 Eier, 1 Prise Salz, ca. 200 ml Wasser, 1 Eßlöffel Öl (die italienische Variation: 500 g Mehl, 5 Eier, 1 Prise Salz, 1 Eßlöffel Öl), einen Strauß frischer Kräuter, z. B. Basilikum, Estragon, Petersilie, Salbei, Zitronenmelisse, Kresse

Kräuter von den Stielen befreien, aber die Blätter ganz lassen. Nicht waschen, denn die Blätter sollten wirklich ganz trocken verwendet werden.

Mehl in eine weite Schüssel sieben, die verquirlten Eier, Salz, Öl und die Hälfte des bereitgestellten, nicht zu kalten Wassers mit einer Gabel zu einer zuerst bröckeligen Masse verrühren. Dann unter weiterer langsamer Zugabe von Wasser den Teig mit den Händen kneten, bis eine glatte, seidige Teigkugel ensteht, die sich elastisch anfühlt. Den Teig 1/2 Stunde rasten lassen, dabei mit einem Tuch bedecken. Kleine Portionen abschneiden, die im Walkwerk der Nudelmaschine Stufe für Stufe bis zur Dicke 6 in Bahnen ausgewalkt werden. Haben Sie keine Nudelmaschine, werden entsprechende Teigportionen auf dem bemehlten Nudelbrett auf Nudeldicke ausgerollt.

Die Nudelbahnen oder die Teigflecken auf bemehlter Unterlage auslegen und jeweils eine Hälfte der Fläche mit Kräuterblättern nicht dicht an dicht, sondern locker belegen. Den anderen Teil der Teigfläche darüberklappen und gut andrükken. Dieses „Kräutersandwich aus Nudelteig" nochmals – in der Nudelmaschine auf Stärke 6 – auf dünne Nudelstärke ausrollen.

Die übertrockneten Teigflecken entweder im Schneidwerk der Nudelmaschine zu Tagliatelle- oder schmalen Papardelle-Nudeln oder auf dem Nudelbrett mit einem Messer in breite Bandnudeln schneiden. Sie brauchen dazu ein Messer mit einer rasiermesserscharfen Klinge, sonst fransen die Kräuterblättchen aus.

Die geschnittenen Nudeln nochmals eine Viertelstunde übertrocknen lassen. Dann können sie bereits in leicht gesalzenem, wallendem Kochwasser in ca. 2 Minuten bißfest (al dente!) gekocht werden. Anschließend sofort abgießen und mit einem nußgroßen Stück Butter oder ein- bis zwei Eßlöffeln Olivenöl durchschwenken.

Selbstverständlich können die Teigwaren auch ganz getrocknet und für einen späteren Kochtermin aufbewahrt werden. Am besten halten sich die getrockneten Nudeln in Papiertüten oder Leinenbeuteln an einem luftigen und trockenen Ort. Die Kochzeit der getrockneten Kräuternudeln beträgt dann zwischen 5 und 8 Minuten.

Diese Nudeln können als Vorspeise, mit Butter und frisch geriebenem Parmesankäse gereicht werden. Als vegetarische Hauptspeise kann man schlichte Gemüseragouts dazu servieren, z. B. aus Zucchini oder Melanzane, aus Artischockenherzen oder Spargelspitzen. Oder auch eine aromatische provenzalische Ratatouille.

Kräuterreis

Versuchen Sie für diese Beilage einmal Naturreis. Er wird nie so weiß wie der polierte Reis, ist aber wesentlich gesünder und schmeckt vor allem ausgezeichnet. Hinsichtlich der Menge des Wassers, das Sie zum Kochen verwenden, beachten

Sie die Angaben auf der Packung der von Ihnen gewählten Reissorte. Hier kann es große Unterschiede geben.

250 g Reis und die entsprechende Menge Wasser, Salz, 1 nußgroßes Stück Butter, 2 Handvoll frische Kräuter (besonders fein schmeckt Kerbel, aber auch Petersilie oder Kresse)
Reis mit etwas Salz nach Vorschrift kochen. Kräuter fein hacken. In den fertiggekochten Reis ein Stück Butter einrühren und die Kräuter untermischen. Etwa 2 Minuten stehen lassen, damit der Reis Aroma und Geschmack der Kräuter annimmt.

Parfait der Saison

Dieses Parfait läßt sich aus frischen Früchten der Saison, im Winter aber auch mit Marmelade zubereiten. Vorsicht: Die Marmelade muß vorher glattgerührt werden.

250 g Früchte – z. B. Himbeeren, Kirschen, Pflaumen –, 3 Eßlöffel Zucker, Saft einer halben Zitrone (oder etwa 100 g Marmelade), 3 Eidotter, 2 ganze Eier, 120 g Staubzucker, 500 ml Schlagsahne (Schlagobers), 3 Blatt Gelatine, einige frische Früchte zum Garnieren
Früchte mit etwas Zucker, Zitronensaft und ganz wenig Wasser weich kochen und dann passieren. Gut auskühlen lassen.
Eine Kastenform mit Klarsichtfolie auslegen.
Schlagsahne fest schlagen, kühl stellen. Staubzucker durchsieben. In einer weiten Schüssel Eidotter, ganze Eier und Zucker über Wasserdampf schlagen, bis die Masse dickcremig geworden ist. Danach vom Wasserdampf nehmen und weiterrühren, bis die Masse kalt ist. Nun die erkaltete Fruchtmasse hinzufügen und gut durchrühren. Die steife Schlagsahne unterheben. Gelatine in kaltem Wasser 3 Minuten einweichen, gut ausdrücken, in wenig heißem Wasser auflösen. 2 Eß-

löffel der Parfaitmasse zur Gelatine rühren, dann die ganze Flüssigkeit in die Parfaitmasse rühren. Parfait in die Form füllen und für etwa 3 Stunden in das Tiefkühlfach des Kühlschranks stellen. Das Parfait läßt sich leichter aus der Form lösen, wenn Sie die Form einmal kurz in sehr heißes Wasser tauchen. Parfait in Schnitten schneiden und auf kleinen Tellern servieren. Mit einigen frischen Früchten garnieren.

SCHNEENOCKERLN

5 Eiklar, 120 g Staubzucker, 1/2 l Milch, Vanillezucker, 100 g Zucker, 3 Eidotter, 2 Eßlöffel Vanillecremepulver
Zum Garnieren:
frische Früchte der Saison – z. B. Walderdbeeren, Himbeeren, Johannisbeeren – oder aber einige Mandelsplitter und Schokoladeraspeln

Milch mit 100 g Zucker und Vanillezucker zum Kochen bringen, Vanillecremepulver einrühren, 1 Minute sanft köcheln lassen und vom Herd nehmen. In einer Rührschüssel 3 Eidotter schaumig rühren. Mit einem Schneebesen die Vanillemilch nach und nach unter kräftigem Durchschlagen unter die Dotter rühren. Kräftig rühren, bis die Masse cremig ist.
Die Eiklar zu steifem Schnee schlagen, den Staubzucker sieben und dann vorsichtig einrühren.
Wasser in einem Topf zum Sieden bringen. Mit einem Eßlöffel große Nockerln aus dem Eischnee stechen und in das siedende Wasser legen, nicht kochen, nur ziehen lassen. Nach etwa 2 Minuten die Nockerln umdrehen und nochmals 2 Minuten ziehen lassen. Dann die Nockerln herausheben, gut abtropfen lassen. Auf eine Platte oder auf kleine Teller legen, die Vanillecreme über die Nockerln gießen. Mit frischen Früchten garnieren oder mit Mandelsplittern und Schokolade bestreuen.

GEDANKEN

zur Kommunion des Lebens

Siehe, ich stehe an der Türe und klopfe an; wenn jemand meine Stimme hört und die Türe öffnet, so werde ich bei ihm eintreten und Mahl halten mit ihm und er mit mir.
Apokalypse (geheime Offenbarung) 3, 20

Diese Feststellung aus der geheimen Offenbarung des Johannes gehört für mich zu den tiefsten und zugleich zentralsten Verheißungen. Denn der da zugleich als Gastgeber und Gast vor meiner Tür steht, ist nicht nur ein Mensch, es ist der auferstandene Jesus von Nazaret in all seinen mystischen und kosmischen Bezügen und Dimensionen. Es ist der, von dem der Theologe Teilhard de Chardin geschrieben hat: „Er ist die strahlend helle Mitte, in der alle Fäden der Welt zusammenlaufen." Und er ist der, von dem das Bild des Salvador Dali kündet, das sich *Messe über die Welt* nennt, und in dem Christus am Kreuz über der Welt schwebt, als das Brot, das sich an uns verschenkt, und der Wein, der zu unserer Freude ausgegossen ist. Dieser Jesus der Apokalypse ist auch das Zentrum jeglicher Kommunion und Kommunikation, er ist Gemeinschaft und Beziehung zugleich, er ist der Verzehrbare ohne Unterbrechung, denn nur von ihm kommt das Wort: „Wer mich ißt, wird ewig leben."
Diese Aussage entsteht aus dem Verständnis, daß die wahre Kommunion bedeutet: essen und sich zum Verzehrtwerden hingeben. Essen ist, so gesehen, Kommunion des Lebens. Offenbar wollte es der Schöpfer der Welt so, daß wir uns, um zu leben, von anderen Lebewesen ernähren sollten. Dadurch stehen die Lebewesen in ständiger Verbindung zueinander. Das ist eine Absage an eine biologische Unabhängigkeit. Wir nehmen andere Lebewesen in uns auf und

stehen daher in Verbindung mit dem ganzen Kosmos. Und wenn die Kieselalgen von einem Kopffüßer vertilgt werden, so wird auch der von einem kleinen Fisch verschlungen und der wieder von einem größeren, zum Schluß stirbt die Scholle und dient so als Abfall wieder als Nahrung für die Kieselalgen oder sie kommt auf unsere Teller, und unser Abfall ernährt wieder die Kieselalgen. In diesem Kreislauf scheinen Leben und Tod nur zwei Seiten einer Medaille. Immer wieder kommt aus dem Sterben des einen ein anderes Leben hervor.
Ernesto Cardenal, ein mystischer Dichter aus Nicaragua, sagt über diese Erfahrung Interessantes: „Es fällt uns schwer, uns die Auferstehung des Fleisches vorzustellen, weil unser Fleisch ja inzwischen Fleisch von anderen Lebewesen geworden ist und durch diese wieder von anderen. Aber gerade in dieser Tatsache sehen wir ja jetzt schon unsere Auferstehung. In welchem Körper erleben wir dann also unsere Auferstehung? Wir auferstehen in allen Körpern und in allen Altern, in dem wir alle eingeschlossen sind, einer im anderen, wie Kinder im Mutterleib. Der Apostel Paulus sagt, alle Kreatur – auch die Pflanzen und Tiere – seufzt und erwartet die Auferstehung unseres Leibes. Und darum genügt es, wenn ein einziger Leib aufersteht, damit alle anderen gleichzeitig mit ihm auferstehen. So genügt es, daß Christus auferstanden ist – der Erstgeborene unter den Toten –, daß die ganze Schöpfung mit ihm aufersteht."
Dies ist nun eine interessante Ansicht, aber auch eine bedenkens- und bemerkenswerte. Sie läßt nämlich weitere interessante Schlüsse zu. In einer wahllosen Serie einige dieser Folgerungen: Eine besagt, Christus hat nicht nur die menschliche Natur erlöst, sondern die gesamte Schöpfung, daher, um bei unserem Thema zu bleiben, auch alle Nahrungsmittel und Getränke, so Brot und Wein und auch das Wasser, die ganze Materie wurde durch ihn heilig. Daher haben Vögel und Fische teil an der Heiligkeit Christi, aber auch an unserer Heiligkeit.
Ein zweiter Schluß: Wenn wir mit Christus kommunizieren, kommuniziert der ganze Kosmos mit Christus, und daher, möchte ich hinzufügen, ist es möglich, daß es in diesem vorangestellten Text aus der Apokalypse genügt, wenn in der Einzahl gesprochen wird, weil ja der einzelne Teil des ganzen Kosmos ist. Aber diese Schlüsse kommen nicht nur aus einer christlichen Betrachtungsweise. Bei den Mayas, diesem hochentwickelten Volk, herrschte die feste Überzeugung, der Mensch bestehe aus Mais. In diesem Sinn sahen sie auch ihre Opfergaben, die so ein Teil einer kosmischen Kommunion wurden. Und der Prophet Maleachi erklärt schon im ersten Kapitel seines Buches dem Volk Gottes, daß selbst die Heiden Gott Speiseopfer darbringen und ihn dadurch verehren. Christus hat

nicht Mais, sondern Brot und Wein für sein Dankesmahl gewählt, Grundnahrungsmittel im Mittelmeerraum, und der Weizen ist nach wie vor das meistangebaute Getreide auf der ganzen Welt. In dieser Beziehung sind diese Nahrungsmittel Stellvertreter für alle Früchte, für den Kakao genauso wie für den Kaffee, für den Tabak, die Kartoffeln, Tomaten und Zuckerrüben, und in diesem Verständnis ist jede Frucht ein Stück „eßbares Weltall".
Brot und Wein sind also beim Abendmahl die Vertreter des ganzen Weltalls. Und um noch einmal Ernesto Cardenal zu zitieren, er meint zu dieser Stellvertretung: „Brot und Wein vertreten auch unseren Körper, denn auch unser Körper ist Frucht, wir sind diese verdauten Früchte, in Körper verwandelt. Unser Fleisch und Blut sind Brot und Wein. Und wenn sich Brot und Wein in das Fleisch und Blut Christi verwandeln, so verwandelt sich unser Leib in Christi Leib." Das ganze Weltall ist daher erfüllt und durchwoben von diesem Christus; das ist der Grund für die Harmonie im Kosmos und den ruhigen Rhythmus in den Dingen, sei es nun die Blutzirkulation oder die Bewegung der Milchstraße: Alles ist ein Lobgesang des Kosmos.
Daher kann auch das Buch der Weisheit sagen, daß die Naturgesetze so etwas wie Saiten einer Zither sind, die, einmal angeschlagen, von derselben Melodie erbeben. Auch Leben und Tod nehmen teil an diesem Rhythmus im Kosmos. Auch die Feste der nichtchristlichen Völker, die vom Rhythmus der Jahreszeiten oder von den Ernten bestimmt sind, schließen den Menschen in diesen Rhythmus ein. Nur der moderne Mensch in den Städten scheint in Gefahr, das Gespür für diesen Rhythmus und für das Fest als Teilnahme an einem kosmischen Fest zu verlieren.
Harvey Cox, ein bedeutender religiöser Denker aus den USA, gibt zu bedenken: Sollte der Mensch des 20. Jahrhunderts die letzten Reste seiner Begabung für Festlichkeit und Phantasie verlieren, dann wären die Folgen verheerend. Einer religiösen Sicht von Mensch und Kosmos, speziell in ihrer christlichen Gestalt, würde damit das Herz herausgerissen. Umgekehrt hätte, wenn die Schlacht um des Menschen Menschlichkeit überhaupt gewonnen werden soll, eine religiöse Schau zu diesem Sieg einen entscheidenden Beitrag zu leisten. Diese religiöse Sicht des Lebens ist echt katholisch, und zwar im strikten Sinn des Wortes. Religion ist allgemein, weil sie nicht nur Religion aller Menschen ist, sondern Religion des ganzen Weltalls. Die christliche Religion umfaßt die kleinsten Lebewesen genauso wie alle Sterne und auch alle anderen Religionen (ohne sie vereinnahmen zu wollen). Weil sie mehr ist als das, was im bisherigen Sinn Religion

genannt worden ist. Sie schließt den ganzen Menschen ein mit all seinen Bezügen und Beziehungen, mit all seinen Möglichkeiten und Eigenschaften, sie umfängt genauso seine Literatur wie sein Kunstschaffen, seine Musik und seine Tänze, seine Agrikultur und seine Tierwelt, Saat und Ernte, wie die Liebe zwischen Mann und Frau.

So ist auch einsichtig, was der Bischof Augustinus von Hippo mit dem Satz gemeint hat: „Außerhalb der Kirche kein Heil . . .“, außer dieser allumfassenden Religion kann es keine Rettung geben. Und die Rettung geschieht letztendlich in einem Festmahl und bei einem herrlichen Gesang, einem Hochzeitsgesang. So wie in einer religiösen Hochzeitsfeier der Auswahl der Musik und des Liedgutes nach wie vor großes Augenmerk geschenkt wird. Zwar sind wir noch nicht bei diesem universellen Hochzeitsfest angekommen, aber aus der Ferne können wir, wenn wir unsere Antennen ausfahren, schon die Musik spielen hören. Dazu kommt, daß wir die Möglichkeit haben, tagtäglich auf dieses Fest hin zu üben. Die Feier der Gottesdienste erinnert uns hier an das zukünftige Hochzeitsmahl, das schon begonnen hat.

Deshalb ist für einen Christen jeder Tag ein Festtag. Im Stundengebet der katholischen Kirche heißt der gewöhnliche Werktag „feria“. Damit ist der Hinweis auf das Fest gegeben, auf ein tagtägliches Fest; von dem wir allerdings wissen, wie schwer es ist, sich im Alltag diese Fest-Vorfreude zu bewahren. Noch sind wir auf dem Weg zur Tür, vor der der Bräutigam steht, um mit uns und damit der ganzen Welt Mahl zu halten, um jeden Hunger zu stillen, selbst den, der unersättlich schien und uns verzweifeln ließ.

Von der Stärkung durch die Gemeinschaft

Initiationsriten und kulinarische Härtetests

Wie ein Firmling zu essen – im Volksmund fällt diese Formulierung meist deftiger aus –, das ist auch heute noch eine weitverbreitete Redewendung, die einem jungen Menschen ausgezeichneten Appetit zuordnet. Denn wie viele andere kirchliche Sakramente auch, hat die Firmung schon vom Ursprung her etwas mit gutem Essen zu tun. Sowohl in Form geistiger Nahrung als auch, was die leibliche Stärkung betrifft. Das lateinische Wort „firmare“ bedeutet soviel wie „stärken“ und „festigen“. „Confirmatio“, davon ist die Konfirmation im reformatorischen Christentum abgeleitet, heißt wiederum „Befestigung“, „Bestätigung“ und in diesem Sinne auch „Stärkung“. Die Firmung gehört zu den drei wichtigsten Initiationsriten im christlichen Leben, und ihre historische Entwicklung ist aus heutiger Sicht und geübter Tradition kaum mehr bekannt.

Essen in der Gemeinschaft

In der Alten Kirche, der Kirche der Antike, waren die Taufe, die Firmung und die Erstkommunion unmittelbar miteinander verbunden. Getauft haben die Apostel und später die Bischöfe ja erwachsene Menschen. Im Anschluß an das Taufsakrament erfolgte eine rituelle Salbung mit geweihtem Öl, die eben eine Bestärkung, Befestigung, Bekräftigung des in die Gemeinde neu aufgenommenen Menschen symbolisierte. Und gleich danach wurde, meist im Rahmen eines eigenen Fest-

mahles, dem neuen Christenmenschen auch das von Jesus eingesetzte Abendmahl mit Brot und Wein gereicht – die Erstkommunion. Das lateinische Wort „communio" bedeutet „Gemeinschaft". Damit war ursprünglich die innerkirchliche Gemeinschaft gemeint, später erweiterte sich dieser Begriff auf die Gemeinde, die das Abendmahl feierte und die Kommunion als Sakrament annahm. In der Apostelgeschichte gibt es vor allem um den Weltmissionar Paulus einige Szenen, die das noch recht anschaulich vor Augen führen.
Schon in der antiken Kirche wurde aus praktischen wie auch theologischen Überlegungen bald die Kindertaufe eingeführt. Die bis in die Neuzeit hohe Kindersterblichkeit war dafür natürlich das Hauptargument. Die Taufe der Säuglinge und Kleinkinder machte die Beiziehung von erwachsenen Taufzeugen nötig. Diese Taufpaten waren also auch gleichzeitig die Firmpaten. Gerade beim Sakrament der Firmung tragen ja im süddeutschen Sprachraum die Paten bis heute die Namen „God" oder „Gödl". Schon in der Spätantike wurde aber die der Taufe folgende Salbung getrennt und auf einen späteren Zeitpunkt verlegt. Und vor allem die Firmung wurde zum Sakrament, das die Bischöfe spendeten. Die Firmung wurde also zu einem zweiten, die Taufe des Kindes bestätigenden und verstärkenden Aufnahmeritual in die Gemeinde Christi. Der große Kirchenlehrer Thomas von Aquin (1225–1274) spricht über die Firmung als „Übergangsritus zum Wachstum des Menschen ins Vollalter Christi".

Söhne und Töchter der Pflicht

Der heilige Thomas spielt hier natürlich auf das Leben Jesu an. Jesus von Nazaret, der von seiner Geburt bis zum Tod am Kreuz nach den Glaubensgesetzen des Judentums lebte, hatte ja auch eine Art Firmung, die Bar-Mizwa. Dieser Begriff heißt übersetzt „Sohn der Pflicht" oder „Sohn des Gesetzes". Ein jüdischer Knabe, seit dem Reformjudentum des 19. Jahrhunderts auch jedes Mädchen, wird durch diesen Weiheakt in der Synagoge zum Erwachsenen. In der Antike war dies gleichbedeutend mit Volljährigkeit. Nach den Vorschriften der Thora, der fünf Bücher Mose, geschieht dies im dreizehnten Lebensjahr. Das Evangelium beschreibt Jesus mit zwölf Jahren vor den Priestern und Schriftgelehrten im Jerusalemer Tempel, ohne Zweifel war dies seine Bar-Mizwa. Bis heute ist die Bar-Mizwa der Juden (bei Mädchen heißt sie Bat-Mizwa) für die Familien, die

Freunde und die Synagoge ein großes und fröhliches Fest. Zum Unterschied von der christlichen Firmung bekommt aber der junge jüdische Mensch keinen Paten. Er oder sie ist nun selbst und allein verantwortlich für seinen Glauben und vor dem Allerhöchsten.

Alte und neue Traditionen

Die christlichen Firmlinge haben aber zur religiösen wie natürlich auch zur sozialen Unterstützung auf dem weiteren Lebensweg eine Patin oder einen Paten, einen Herrn God oder eine Frau Gödl, beigestellt. Das sind sozusagen die Nachfahren der Taufzeugen, der Taufgoden, die ja in der Frühzeit dem Kleinkind für beide Sakramente zur Seite standen. In der jüngeren Vergangenheit und Gegenwart sind aber Taufpaten und Firmpaten nicht mehr dieselben Personen. Dies hat auch soziale und wirtschaftliche Hintergünde.
Im 12. Jahrhundert wurde für die Menschen in den deutschsprachigen Ländern die Firmung zwischen dem siebenten und zwölften Lebensjahr festgelegt. Erst

Mitte des 19. Jahrhunderts wurde das Alter für die christliche Firmung mit zwölf Jahren festgesetzt.
Die Kirche der Spätantike kannte auch schon die Kommunion für Kinder. Sie wurde als Erstkommunion den Firmlingen im Alter von sieben oder acht Jahren noch immer in der klassischen Reihenfolge – erst Firmung, dann Kommunion – gespendet. Mit dem immer höher werdenden Alter der Firmlinge verschwand auch die Kinderkommunion, denn es blieb dabei, daß erst nach der Firmung die Erstkommunion empfangen werden konnte. Erst 1910 hat Papst Pius X. die Erstkommunion für Kinder im Lebensalter von acht Jahren wiedereingeführt, so daß in der katholischen Kirche nun die Dreiteilung der Aufnahmefeiern, der Initiationsriten, Tradition hat: die Taufe nach der Geburt, die Erstkommunion mit acht Jahren und die Firmung ab dem zwölften Lebensjahr.
Die reformatorischen Kirchen sind der älteren Tradition treu geblieben. Seit dem 16. Jahrhundert werden dort junge Menschen mit vierzehn Jahren gefirmt, und erst danach empfangen die „Konfirmierten" die erste Kommunion.
Traditionell werden heute Erstkommunion und Firmung um das Pfingstfest angesetzt. Denn Pfingsten als Fest des Heiligen Geistes hat sowohl zur Erstkommunion der Kinder als auch zur Firmung der Jugendlichen eine starke religiöse Verbindung. Die Erstkommunion findet mitunter auch am sogenannten Weißen Sonntag statt, dem ersten Sonntag nach Ostern. Anschließende familiäre Erstkommunionsfeiern werden im städtischen Bereich heute zumeist in Restaurants oder Ausflugsgasthöfen begangen. Das häusliche Festmahl, wo immer es noch Tradition und Sitte ist, sollte vor allem kindergerecht sein.

Kulinarischer Härtetest

Die zwölf- bis vierzehnjährigen Firmlinge werden, was den Anschluß an die heilige Handlung betrifft, nach wie vor gerne auf eine kulinarische Teststrecke geschickt. Der heute nicht mehr überall gepflogene Backenstreich durch den Bischof hat das Firmkind symbolisch zum verantwortlichen Erwachsenen erklärt. Das noch immer weitverbreitete Firmungsgeschenk, die sprichwörtliche und manchmal auch wirklich goldene Uhr, gibt ihm auch symbolisch die Verantwortung über die Zeit, die er nun selbst ablesen und einteilen kann. Ein Männlichkeitssymbol, typisch für eine industrielle Gesellschaft, in der Zeit Geld bedeutet.

Und dann kommt der Härtetest: die von den Paten bezahlten, üppigen Firmungsessen. Dem wunschgemäß heißhungrigen Magen wird mit gutem Zuspruch deftige Kost aus fettem Fleisch, Kraut, Knödeln und üppigen Mehlspeisen zugeführt. Wenn der brav schlingende Firmling bis zu den Ohren abgefüllt ist, auch eine ordentliche Maß Bier oder einige Gläser Wein konsumiert oder vielleicht sogar unter kundiger Anleitung eine vom Paten angebotene Zigarre gepafft hat, könnte das insgeheim erwartete Firmungserlebnis bereits eintreten. Aber zusätzlich werden die Jungerwachsenen noch zum nächsten Rummelplatz geführt – in Wien ist es meist der Wurstelprater – und auf Achterbahnen, Taigajets, Loopingbahnen und anderen Vergnügungsmaschinen, die ursprünglich zum Testen von Düsenjägerpiloten und Astronauten entworfen wurden, an die absolute Grenze der Belastbarkeit eines überfüllten Magens geführt. Wenn – selbst bei glücklichstem Ausgang – dies nicht Initiationsriten der härtesten Tour sind, was dann?
Im Zeitalter des Wissens um gute und gesunde Ernährung hat sich natürlich auch unter Firmpaten längst herumgesprochen, daß ein köstliches, bekömmliches und leichtes Festmahl in häuslicher Atmosphäre oder in einem guten Restaurant ohne anschließende Speisenspende natürlich sinnvoller ist. Denn die alten Überlegungen, einem hungrigen Kind „die Wonnen“ eines überfüllten erwachsenen Magens als Einstieg in eine selbstverantwortliche Lebenszeit vorzuführen, sind in unserer ohnehin überessenen Kultur obsolet.

Köstliche Speisen für Gross und Klein

Bösch-Omas Festtagskipfeli

Bei jeder Erstkommunion oder Firmung eines Enkelkindes wurde in Bösch-Omas Küche schon um fünf Uhr früh gebacken, damit die Festtagskipfeli zum Frühstück fertig waren.

600 g Mehl (z. B. 300 g Vollkornmehl, 300 g weißes Mehl), 25 g Hefe, 1 Kaffeelöffel Zucker, 1/2 Tasse lauwarme Milch, 60 g Zucker, eine Prise Salz, 2 Eidotter, 100 g sehr weiche Butter, 250 ml lauwarme Milch, 1 verquirltes Eigelb zum Bestreichen
Für die Fülle:
etwa 100 ml Wasser, 80 g Zucker, 150 g geriebene Haselnüsse, 1 Teelöffel Zimt, 1 Eßlöffel Honig, 2 Eßlöffel Semmelbrösel
Für die Glasur:
1/2 Eiklar, Saft einer halben Zitrone, etwa 100 g Staubzucker
Mehl in eine breite Rührschüssel geben und in der Mitte eine kleine Grube eindrücken. Hefe in eine Tasse bröseln, mit einem Kaffeelöffel Zucker und der halben Tasse Milch gut verrühren und in die Vertiefung gießen. Noch ein wenig vom Mehl dazurühren. Mit einem Tuch zudecken und 15 Minuten ruhen lassen. Nun kommen der restliche Zucker, Salz, Dotter, Butter und nach und nach die Milch dazu. Mit einem Rührholz oder den Knethaken (für Hefeteig) des Handmixers gut durcharbeiten, bis sich der Teig von der Schüssel löst. Den Teig noch einmal zudecken und zumindest 1/2 Stunde aufgehen lassen.
In der Zwischenzeit die Nußfülle und die Glasur bereiten. Für die Fülle Wasser und Zucker aufkochen, die Nüsse einrühren und kurz mitkochen. Zimt und Honig

beifügen und, wenn die Fülle zu weich ist, Semmelbrösel. Abschmecken und überkühlen lassen. Für die Glasur etwa 1/2 Eiklar in einer kleinen Schüssel mit Staubzucker gut verrühren, bis die Masse steif ist. Dann einige Tropfen Zitronensaft dazugeben und nochmals gut verrühren. Backofen bei mittlerer Hitze vorheizen. Nun ist der Hefeteig aufgegangen, kommt aus der Rührschüssel auf eine bemehlte Arbeitsfläche, wird auf etwa 5 Millimeter Dicke ausgerollt und in gleichseitige Dreiecke von 10 Zentimeter Seitenlänge geschnitten. Die Seitenränder der Kipfeli mit verquirltem Eigelb bestreichen. Nun kommt auf jedes Dreieck ein guter Kaffeelöffel Nußfülle. Dreiecke zusammenfalten, gut andrücken und einrollen. Die so entstandene Rolle wird nun zu einem Kipferl gebogen. (Versuchen Sie zuerst, ohne Fülle ein Kipferl zu formen. Wenn das mißlingt, können Sie den Teig noch einmal zu einer Kugel formen und neu ausrollen.)
Die Kipfeli auf ein befettetes Backblech legen und hellbraun backen. Wenn sie fertig sind, werden sie noch heiß mit dem Pinsel mit der Glasur bestrichen.
Diese Kipferl können selbstverständlich auch schon am Vortag gebacken werden.

Käsekugeln

100 g geriebener Hartkäse, 2 Eßlöffel saure Sahne (Sauerrahm), 1 kleine Birne,
1 Prise gemahlener Pfeffer, 3 Eßlöffel fein gehackte Nüsse oder Mandelsplitter,
3 Eßlöffel Schnittlauch (fein geschnitten), 1 Eßlöffel Paprika

Birne schälen und in sehr kleine Würfel schneiden. Käse, Sahne, Pfeffer und die Birnenwürfel gut vermischen und kalt stellen. Mit feuchten Händen Kugeln formen. Ein Teil dieser Kugeln wird nun in Schnittlauch gewälzt, ein Teil in Paprika und ein Teil in Nüssen. Bis zum Servieren kalt stellen.

Kräuterschnecken

200 g Mehl (auch Vollkornmehl), 1 Päckchen Backpulver, 1 Prise Salz,
150 g Butter, 200 g Quark (Topfen), 1 Ei
Für die Fülle: 100 g Gorgonzola, 1 Eßlöffel Crème fraîche, 4 Eßlöffel frische, klein gehackte Kräuter (z. B. Kerbel, Petersilie, Schnittlauch, Melisse, Estragon),
1 gepreßte Knoblauchzehe, 1 Prise Pfeffer
1 verquirltes Ei zum Bestreichen

Mehl auf eine Arbeitsfläche sieben, Butter in kleinen Stücken hinzufügen, Ei und Quark beifügen und den Teig gut durchkneten, bis er fest und völlig glatt geworden ist. Teig für 1/2 Stunde in den Kühlschrank stellen. Für die Fülle den Gorgonzola mit einer Gabel zerdrücken und mit den anderen Zutaten gut verrühren.
Nun wird der Teig ausgerollt. Wenn Sie den bereits dünn ausgerollten Teig zusammenklappen und nochmals ausrollen, wird er beim Backen besonders fein und „blättrig". Dieser Vorgang kann zwei- bis dreimal wiederholt werden. Der Teig sollte etwa 3 bis 5 Millimeter dick sein, die Teigplatte eine rechteckige Form haben.
Backofen bei mittlerer Hitze vorheizen.
Die Fülle mit einem Messer oder Löffel gleichmäßig auf dem Teig verstreichen, nur am Rand etwa 20 Millimeter frei lassen. Den Teig von der breiten Seite her einrollen. An den beiden Seitenteilen gerade abschneiden, an der breiten Seite gut andrücken. Die Rolle mit einem scharfen Messer in etwa 10 Millimeter breite Scheiben schneiden, diese Schnecken auf das befettete Backblech legen, mit verquirltem Ei bestreichen und etwa 30 Minuten backen.
Die Schnecken können warm und kalt gegessen werden, man kann sie auch am Vortag „blond" backen und vor dem Essen nochmals 10 Minuten in den heißen Ofen schieben, um sie fertig zu backen.

Herzhafter Nudelsalat

200 g Vollkornteigwaren, 150 g Schinken, 1 roter Paprika, 1 Dose Maiskörner, 1 Bund Radieschen, evtl. 1 kleine Zwiebel (Vorsicht: Viele Kinder mögen ihn nicht!)
Für die Marinade: 150 g Joghurt, 4 Eßlöffel Salatmayonnaise, 2 Eßlöffel Tomatenketchup, Salz, Pfeffer, 1 Bund Schnittlauch
Teigwaren kochen, abgießen. Schinken und Paprika in feine Streifen, Radieschen in Scheiben schneiden, Zwiebel klein hacken, Maiskörner gut abtropfen lassen. Danach Teigwaren, Paprika, Zwiebel und Maiskörner in einer großen Schüssel vorsichtig vermengen. Für die Marinade alle Zutaten gut vermischen und über den Salat gießen. Zuletzt den Schinken vorsichtig unterheben. Kurz vor dem Servieren feingeschnittenen Schnittlauch über den Salat streuen.
Der Salat schmeckt besser, wenn er einige Stunden vor dem Servieren zubereitet wird. Heben Sie vielleicht für alle Fälle ein wenig von der Marinade auf, um den Salat vor dem Servieren noch etwas abzuschmecken.

Gerade für ein Kinderbuffet können Sie rohes Gemüse auch ohne Marinade anbieten. Viele Kinder naschen gern von Radieschen, Cocktailtomaten oder Gurkenscheiben, vor allem dann, wenn sie auf einem Teller hübsch dekoriert sind – z. B. in Form bunter Blumen oder Phantasiegebilde.

Gebackene Nudeln

350 g Teigwaren, 60 g Butter, 250 g Quark (Topfen), 3 Eier, Salz, Pfeffer, 250 g Schinken, 1/8 l saure Sahne (Sauerrahm), Semmelbrösel und Butter für die Form, evtl. Parmesan zum Bestreuen

Teigwaren bißfest kochen. Schinken in Würfel schneiden. In einer weiten Schüssel Butter mit Quark gut verrühren, Eidotter, Sahne, Salz und Pfeffer hinzufügen. Die gekochten Teigwaren in diese Masse einrühren und gut durchmischen. Die 3 Eiklar steif schlagen und unter die Teigwaren heben.

Backofen bei mittlerer Hitze vorheizen. Eine ofenfeste Form innen mit Butter bestreichen und mit Bröseln bestreuen. Teigwaren-Schinken-Masse einfüllen und festdrücken. Obenauf einige Butterflocken setzen, mit Parmesan bestreuen und etwa 45 Minuten goldbraun backen.

Auch dieser Auflauf kann „blond" vorgebacken werden und wird vor dem Essen bei mittlerer Hitze etwa 15 bis 20 Minuten aufgebacken. Er kann auch ohne Schinken, dafür aber mit der entsprechenden Menge Käsewürfeln und/oder einem rohen, in feine Streifen geschnittenen Zucchino (etwa 400 g) gebacken werden.

Kräuterterrine

Die Terrine muß am Vortag zubereitet werden!

500 g Frischkäse (oder Gervais), 250 ml Suppe, 6 Blatt Gelatine, Salz, Pfeffer, 2 Handvoll fein gehackte frische Kräuter (hier sollte Kerbel nicht fehlen), 2 Tomaten, ca. 3 Eßlöffel Kürbis- oder Pinienkerne zum Bestreuen

Tomaten für 30 Sekunden in kochendes Wasser legen, dann mit kaltem Wasser abspülen und die Haut abziehen. Aufschneiden, die Kerne entfernen und das Fruchtfleisch in kleine Würfel schneiden.

Eine Terrinen- oder Kastenform mit Frischhaltefolie auslegen. Frischkäse mit Salz und Pfeffer würzen und glattrühren. Gelatine in kaltem Wasser 3 Minuten einweichen, dann ausdrücken und gemeinsam mit der Suppe in einer Kasserolle unter Umrühren erwärmen. Wenn die Gelatine aufgelöst ist, wird der Frischkäse untergerührt. Nun kommen Tomatenwürfel und gehackte Kräuter dazu, dann wird die Masse in die Form gefüllt und mit der Folie gut abgedeckt. In den Kühlschrank stellen, damit sie über Nacht fest wird. Vor dem Servieren stürzen, Folie abziehen und Kürbis- oder Pinienkerne über die Terrine streuen. In kleine, aber nicht zu dünne Stücke schneiden und mit getoastetem Weißbrot, das in Dreiecke geschnitten wird, servieren.

Spargelcremesuppe

400 g Spargel, 2 Kartoffeln, 1 Stange Lauch, Olivenöl zum Anrösten, Salz, Pfeffer, 700 ml Wasser, Suppenwürfel, 1 Lorbeerblatt, 1 Becher Crème fraîche

Kartoffeln schälen und in kleine Würfel schneiden. Lauch putzen und in Ringe schneiden. Spargel schälen und in Stücke schneiden, wobei die Spargelspitzen zum Garnieren beiseite gelegt werden. Olivenöl in einem Topf erhitzen, Lauch anrösten, bis er glasig wird. Salzen und pfeffern. Kartoffeln und Spargel beigeben, kurz mitdünsten, Lorbeerblatt beigeben und mit Wasser aufgießen. Die Suppe soll zugedeckt etwa 20 Minuten leicht köcheln. In der Zwischenzeit die Spargelspitzen in kochendes Salzwasser legen und etwa 5 Minuten kochen lassen, herausnehmen, mit kaltem Wasser übergießen und beiseite stellen. Die Suppe kurz überkühlen lassen, Lorbeerblatt herausnehmen; dann die Suppe im Mixer pürieren. Crème fraîche mit einem Schneebesen einrühren. Vor dem Servieren kommen die Spargelspitzen in die Suppe. Zur Suppe können geröstete Weißbrotwürfel serviert werden, aber auch getoastetes, in Dreiecke geschnittenes Weißbrot.

Ein Huhn aus Clementines Küche

Huhn auf Reis

Für diese Festspeise sollten Sie einmal ein Freilandhuhn versuchen. Es ist sicher doppelt so teuer wie die handelsüblichen Hühner, aber es schmeckt dreimal so gut! Der Fleischer wird Ihnen das Huhn auch gerne zerteilen. Wenn Sie auch noch Naturreis verwenden, wird dieses Huhn zu einer echten „Bio-Fest-Kost“. Das Besondere an diesem Rezept ist, daß sowohl der Reis als auch die Soße mit der Hühnersuppe zubereitet werden.

1 zerteiltes Huhn (je 2 Brustteile, Keulen, Flügel), Salz, 1 Stange Lauch, 1 Karotte, 1/2 Sellerieknolle, 200 g Reis, 200 g Erbsen (auch tiefgekühlt), 300 g Spargel
Für die Soße:
30 g Butter, 30 g Mehl, Salz, Saft einer halben Zitrone, 1 Becher Crème fraîche
Krauspetersilie zum Garnieren
Besonders fein wird diese Speise, wenn Sie Trüffel (aus der Dose) dazu verwenden. Es passen aber auch andere Pilze der Saison (zumeist sind das Morcheln und Pfifferlinge, also Eierschwammerln).

Hühnerteile waschen. Lauch, Karotte, Sellerie waschen, putzen und in nicht zu kleine Würfel schneiden. Gemüse in einen großen Topf mit gesalzenem Wasser geben und zum Sieden bringen. Hühnerteile einlegen und sanft köcheln lassen, bis sie weich sind. Die fertiggekochten Hühnerteile in ein wenig Suppe warm stellen. Einen Großteil der Kochflüssigkeit abseihen und abschmecken, sie wird zum Kochen weiterverwendet.

Reis mit der entsprechenden, auf der Packung angegebenen Menge Flüssigkeit, das ist in diesem Fall Hühnersuppe, in eine Kasserolle geben und dämpfen. Die Trüffel in kleine Würfel schneiden (andere Pilze putzen, in kleinere Stücke schneiden und mit ein wenig gehackter Petersilie in Butter andünsten) und unter den fertigen Reis mischen. Die Erbsen in Salzwasser bißfest kochen, unter den fertigen Reis mischen und warm stellen.

Spargel schälen und in Salzwasser nicht zu weich kochen, abseihen, mit Butterflocken belegen und warm stellen. Nun sollte auch die Servierplatte vorgewärmt werden.

Für die Soße die Butter in einer Kasserolle zerlaufen lassen, mit Mehl bestäuben und kurz durchrösten, danach mit etwa einem halben Liter Hühnersuppe aufgießen. Unter ständigem Rühren etwa 5 Minuten kochen, dann überkühlen lassen.

Einige Tropfen Zitronensaft einrühren, danach einen Becher Crème fraîche. Gut durchrühren und die Soße warm stellen, aber nicht mehr aufkochen.
Die Hühnerteile aus der Suppe nehmen und die Haut abziehen. Je nach Größe des Huhns die einzelnen Stücke in kleinere Portionen teilen. Auf die Servierplatte kommt zuerst ein Bett aus Erbsen-Pilz-Reis, auf dem die Spargelstangen sternförmig angeordnet werden. Nun noch etwas Reis, dann die Hühnerteile darauf legen und die Hühnerteile mit der Soße bedecken. Die fertige Speise mit Krauspetersilie garnieren.

Zucchini in Weisswein und Sahne

4 Schalotten, 600 g kleine Zucchini, Salz, Pfeffer, 3 Eßlöffel Olivenöl,
1/8 l Weißwein, 1/4 l saure Sahne (Sauerrahm) oder 1/8 l Crème fraîche, wahlweise
1 Teelöffel Sardellenpaste oder 2 Teelöffel weiße Sojasoße
Schalotten schälen und fein hacken, in einer Pfanne im Öl glasig werden lassen. Zucchini waschen, trocknen, von Stielansätzen befreien, in ca. 3 Millimeter dikke Scheiben schneiden. Zucchinischeiben mit den Schalotten in der Pfanne kräftig durchrösten, ohne daß sie Farbe nehmen, danach salzen. Wenn die Zucchini beginnen, Flüssigkeit abzugeben, mit Weißwein ablöschen und auf kleiner Flamme zugedeckt weiterdünsten, bis das Gemüse bißfest ist. Dann mit Sahne oder Crème fraîche legieren, mit Pfeffer, Sardellen- oder Sojasoße fein abschmecken.
Wenn diese Zucchinispeise zu Beilagen wie Reis, einfachen Teigwaren oder Kartoffeln serviert werden soll, so empfiehlt sich eine abschließende Zugabe von frisch gehackten Kräutern der Saison oder auch von getrockneten Kräutern (Basilikum, Oregano, Rosmarin) schon vor dem Ablöschen mit Wein. Essen Sie Kräuternudeln (siehe Seite 48) dazu, ist das nicht notwendig.

Erdbeer-Eistorte

350 ml Schlagsahne (Schlagobers), 3 Eßlöffel Staubzucker, 1 Päckchen Vanillezucker, 300 g Erdbeeren, 1 Eßlöffel Zitronensaft, 250 ml Erdbeerjoghurt
Vom Konditor: ca. 5 Meringue-Schalen (Baisers) oder etwa
150 g Windmasse (oder fertige Windringe)
Eine Kastenform mit Klarsichtfolie auslegen. Meringue-Schalen (Baisers oder Windmasse) in grobe Stücke zerdrücken und beiseite stellen. Schlagsahne mit Vanillezucker und Staubzucker steif schlagen.
Die Erdbeeren mit dem Zitronensaft pürieren, Joghurt hinzufügen und die Hälfte der Sahne-Zucker-Mischung unterheben. Die Hälfte dieser Masse in die Kastenform füllen und für etwa eine halbe Stunde in das Tiefkühlfach stellen, damit sie anfriert. Danach die restliche geschlagene Sahne darauf streichen und mit den zerdrückten Meringue-Schalen (Baisers) bedecken. Nun die restliche Erdbeermasse darüber streichen. Diese Erdbeer-Eistorte muß nun etwa drei Stunden tiefkühlen. Wenn Sie die Torte in den Tiefkühlschrank stellen, sollten Sie sie etwa eine Viertelstunde vor dem Servieren herausnehmen, sonst ist sie zu hart gefroren. Zum Servieren die Kastenform kurz in heißes Wasser tauchen und stürzen. Mit Erdbeeren garnieren.
Die Köchin notiert dazu: Schmeckt verführerisch!

Erdbeertorte

Für den Teig:
80 g Staubzucker, 120 g Butter, 250 g Mehl, 1 Ei, 1 Eigelb, 2 Eßlöffel Wasser
Für den Belag:
Johannisbeermarmelade zum Bestreichen des Bodens, 500 g Erdbeeren, 3 Eßlöffel Zucker, 2 Blatt Gelatine, etwa 3 Eßlöffel Weißwein
Etwa 2 Eßlöffel gehackte frische Pistazien oder (ungesalzene!) Kürbiskerne zum Bestreuen
Mehl, Butter, Zucker, Eier und Wasser mit der Hand schnell zu einem Teig verkneten, diesen eine Stunde kühl ruhen lassen. Tortenform mit Butter gut einfetten. Backofen bei mittlerer Hitze vorwärmen. Danach den Teig auf einer bemehlten Arbeitsfläche so weit ausrollen, daß er 5 Zentimeter größer als der Boden der Tortenfläche ist, damit ein kleiner Rand hochgezogen werden kann.

Den Teig vorsichtig über das Rollholz drehen, zur Tortenform heben und einlegen. Die Ränder gut an die Tortenform andrücken. Tortenboden etwa 20 Minuten backen, dann auskühlen lassen.
Erdbeeren waschen und gut abtropfen lassen. Die Hälfte der Erdbeeren in Scheiben schneiden und mit dem Zucker bestreuen. Die andere Hälfte je nach Größe halbieren oder ganz lassen. Den gebackenen Tortenboden gut mit Marmelade bestreichen, mit den halbierten bzw. ganzen Erdbeeren belegen. Die gezuckerten Erdbeeren nun mit dem Mixer glattrühren. Gelatine in kaltem Wasser 3 Minuten einweichen, ausdrücken, in wenig Weißwein erhitzen und auflösen. Mit etwas pürierten Erdbeeren glattrühren, dann diese in das restliche Erdbeerpüree mengen und gut durchrühren. Die mit Erdbeeren belegte Torte mit diesem Püree überziehen. Die Torte muß damit nicht bedeckt sein, sie soll an einigen Stellen einen leichten Glanz bekommen. Die Torte kühl stellen, vor dem Servieren mit gehackten Pistazien überstreuen.
Diese Torte kann auch mit anderen Früchten – z. B. Himbeeren, Johannisbeeren oder Kirschen – zubereitet werden.

Holunderblütensaft

Etwa 20 Holunderblüten, 2½ l Wasser, 1 unbehandelte Orange, 2 unbehandelte Zitronen, 1 kg Kristallzucker, 30 g Zitronen- oder Ascorbinsäure (aus der Drogerie oder dem Reformladen)

Die Blüten in ein großes Gefäß (z. B. Gurkenglas) legen und mit Wasser bedekken. Orange und Zitrone in Scheiben schneiden und beigeben. Das Gefäß gut verschließen oder mit einem Tuch abdecken und an einen kühlen Ort stellen. 2 Tage später den Saft erst durch ein grobes Sieb abgießen, dann durch ein Tuch abseihen. Etwa die Hälfte des Saftes in einem Topf mit dem Zucker aufkochen und abkühlen lassen. Erst die Zitronen- oder Ascorbinsäure, dann den restlichen Saft beifügen. Nun ist der Holundersaft fertig und kann in Flaschen abgefüllt werden. Flaschen gut verschließen und kühl aufbewahren. Der Saft sollte etwa eine Woche vor dem Fest zubereitet werden.
Der Holundersaft wird im Glas am besten zur Hälfte mit Mineralwasser aufgegossen und schmeckt frisch und prickelnd. Erwachsene werden die Kombination Holundersaft und Sekt (⅓ Saft, ⅔ Sekt) besonders schätzen.

Gebackene Holunder- oder Akazienblüten

Die Blütendolden vorsichtig von den Sträuchern schneiden, damit der feine Blütenstaub nicht abfällt. Die Blüten sollten auch nicht gewaschen werden, sie würden dadurch viel von ihrem wunderbaren Aroma verlieren; sammeln Sie also nicht an verkehrsreichen Straßen.

2 Eidotter, 2 Eiklar, 150 g Mehl, 1 Prise Salz, 1/8 l Weißwein (oder Milch), Zucker zum Bestreuen, Öl zum Ausbacken, Blütendolden (je nach Größe zwischen 8 und 12 Stück)

Eidotter, Salz, Öl, Wein (Milch) mit dem Handmixer gut verrühren. Der Teig sollte glatt und dickflüssig sein und muß etwa 15 Minuten ruhen. Eiklar zu steifem Schnee schlagen. Den Schnee vorsichtig unter den Teig heben. Etwa 3 Finger hoch Fett in einer breiten Pfanne erhitzen. Die Blütendolden in den Teig tauchen, kurz abtropfen lassen und im heißen Fett goldgelb backen. Herausnehmen, auf Küchenpapier kurz abtropfen lassen und vor dem Servieren mit Zucker bestreuen.

Buttermilchmousse auf Früchten

Vor allem, wenn Sie es mit Erdbeeren zubereiten, eignet sich diese Speise auch für Diabetiker: Verwenden Sie statt Zucker Diabetikerzucker oder auch eine entsprechende Menge flüssigen Süßstoff.

250 ml Buttermilch, 40 g Staubzucker, Saft einer halben Zitrone, 3 Blatt Gelatine, 250 ml Schlagsahne (Schlagobers), 250 g Früchte (z. B. frische Erdbeeren, aber auch tiefgekühlte Himbeeren), 2 Eßlöffel Staubzucker

Schlagsahne steif schlagen. Buttermilch mit 40 g Staubzucker verrühren. Gelatine in kaltem Wasser einweichen, Zitronensaft erwärmen und die Gelatine darin auflösen. Einige Löffel Buttermilch mit der aufgelösten Gelatine so lange verrühren, bis die Flüssigkeit kalt ist. Mit der restlichen Buttermilch vermischen. Die Schlagsahne vorsichtig unter die Buttermilch heben, zudecken und für eine Stunde in den Kühlschrank stellen. Die Früchte mit dem Staubzucker vermischen und gut durchmixen oder pürieren. Aus der fest gewordenen Buttermilchmasse Nockerln ausstechen und auf kleine Teller legen. Mit dem Fruchtmark verzieren.

Wenn Sie ein Sträußchen Waldmeister haben, nützen Sie das köstliche Aroma dieser Pflanze. Es mischt sich wunderbar mit dem Geschmack der Beeren, die Zubereitung ist ganz einfach: Waschen Sie den Waldmeister, und hängen Sie ihn 1 Stunde mit den Blüten nach unten auf, damit er etwas abtrocknet. Dann wird das Sträußlein für 2 bis 3 Stunden in die Buttermilch gehängt, damit das Aroma in die Flüssigkeit übergeht. Waldmeister herausnehmen und wie oben beschrieben weiterverfahren.

Gedanken

zur Freude

Am dritten Tag fand in Kana in Galiläa eine Hochzeit statt, und die Mutter Jesu war dabei. Auch Jesus und seine Jünger waren zur Hochzeit eingeladen. Als der Wein ausging, sagte die Mutter Jesu zu ihm: Sie haben keinen Wein mehr. Jesus erwiderte ihr: Was willst du von mir, Frau? Meine Stunde ist noch nicht gekommen. Seine Mutter sagte zu den Dienern: Füllt die Krüge mit Wasser! Und sie füllten sie bis zum Rand. Er sagte zu ihnen: Schöpft jetzt, und bringt es dem, der für das Festmahl verantwortlich ist. Sie brachten es ihm. Er kostete das Wasser, das zu Wein geworden war. Er wußte nicht, woher der Wein kam; die Diener aber, die das Wasser geschöpft hatten, wußten es. Da ließ er den Bräutigam rufen und sagte zu ihm: Jeder setzt zuerst den guten Wein vor und erst, wenn die Gäste zuviel getrunken haben, den weniger guten. Du jedoch hast den guten Wein bis jetzt zurückgehalten. So tat Jesus sein erstes Zeichen, in Kana in Galiläa, und offenbarte seine Herrlichkeit, und seine Jünger glaubten an ihn. Danach zog er mit seiner Mutter, seinen Brüdern und seinen Jüngern nach Kafarnaum hinab. Dort blieben sie einige Zeit.

Johannes 2, 1–12

Auch diese Erzählung aus dem Johannesevangelium ist ein wichtiger Punkt in der Vermittlung des christlichen Festgedankens. Meiner Empfindung nach ermöglicht diese Geschichte neue Zugänge zum christlichen Glauben, ja sogar zu jenen Tiefen, aus denen die menschliche Freude kommt, die sich im Glauben zeigt. Dieses Hochzeitsmahl in Kana, von dem der Autor sagt, daß es das erste Wunder des Jesus von Nazaret war, bietet viele Möglichkeiten der Interpretation. Zuerst einmal ist der Bericht ein Hymnus an die Freude, eine Bejahung der

Festesfreude im Zeichen eines Hochzeitsmahles. Und wenn bei dieser Hochzeit das Wasser eine Rolle spielt, dann ist vor allem der Hinweis auf die „lebenspendende" Kraft des Wassers angebracht; wer tiefer blicken kann, weiß, daß mit diesem Wasser auch „Taufwasser" gemeint ist, ein Wasser, das den Menschen in einen größeren Zusammenhang bringt, in eine Gemeinschaft Lebender. Und es ist auch der gemeint, von dem dieser Johannes sagt: Aus seiner Seite floß Wasser heraus, das Wasser, das die Quelle allen Lebens ist.
Wenn dann die Rede vom Wein ist, dann wird all das lebendig, was sich in einer langen Tradition entwickelt hat. Denn aus dem „Nahrungsmittel" Wein wurde der Saft, der das Herz des Menschen erfreut und damit das Getränk, das die Menschen beim Festmahl der Nationen, wie bei Jesaja nachzulesen ist, trinken werden, aber auch bei dem Mahl, zu dem uns dieser Jesus von Nazaret am Ende unserer Tage einladen wird. Deshalb ist es ein „Freudenmahl", weil dort der Saft der Freude fließt; reichlich fließt, wie es in der vorangestellten Geschichte heißt.
Doch mit dem Wein kann ganz einfach all das Schöne im Leben gemeint sein, die Freundschaft und menschliche Liebe. Dadurch, daß Jesus von Nazaret bei seinem „Abschiedsessen" dem Wein eine neue Bedeutung gibt, erfährt der Begriff des Weines eine intensive Verdichtung. Aus dem Zeichen der Freude wird ein Hinweis auf die Eucharistie, auf das Mahl des Dankes an den Vater, dessen Willen zu erfüllen die Speise für Jesus ist. Und so verwandelt sich der Wein zu einem Zeichen der Hingabe, des Dienens und der geschwisterlichen Liebe. Der Wein wird darüber hinaus zu einem Zeichen für das Leben, das seinen Wert und seinen Gehalt aus der Kelter erfährt. Indem die Reben gepreßt werden, fließt aus ihnen der Saft, der der Freude dient, aber auch zu einer neuen Beziehung zu den Dingen der Schöpfung und zu den Mitmenschen fähig macht.
Die Geschichte des Weines entspricht darin der Geschichte des Brotes, denn auch hier ergeben viele gemahlene Körner das Mehl, und schließlich lehrt die Erfahrung, je besser geschrotet das Korn, desto genießbarer das Brot. Dabei steht immer das Endprodukt im Vordergrund – die Phase, da nach aller Mühe die Tränen der Verzweiflung von den Augen gewischt werden oder sich ganz einfach und plötzlich in Freudentränen verwandeln.

Handstreichmahl, Morgensuppe und Prügelkrapfen

Festessen vor, bei und rund um die Hochzeit

Die Ehen, sagt der scharfzüngige Dichter Johann Nestroy, werden im Himmel geschlossen. Was zur Folge hat, daß „nachher so mancher darob aus manchen Wolken fällt". Aber über diese Spitzfindigkeit hinaus ist wohl kaum ein Fest von so irdischer und vor allem kulinarischer Verankerung wie die Hochzeit. Das Hochzeitsmahl stellt nur den Höhepunkt eines recht breiten Reigens von Eß- und Trinkbräuchen dar. Und weil das Essen in all seiner Üppigkeit und Reichhaltigkeit dabei so unverzichtbar ist, wurden traditionellerweise die Hochzeitstermine danach ausgerichtet. In früheren Zeiten, als die Fastenwochen für die Menschen noch strenger verbindlich waren, wurden Hochzeiten nur ungern außerhalb der Fastnachtszeit angesetzt. Das hatte im bäuerlichen Leben auch den Grund, daß in der Winterzeit keine Feldarbeit zu tun war. Und die Menschen daher für manchmal mehrtägige Feste Zeit hatten. In den Städten wiederum wurde es rasch Sitte, Hochzeiten erst nach dem vorösterlichen Fasten anzusetzen. So kam es zur heute beliebtesten Jahreszeit für Eheschließungen – dem Wonnemonat Mai.

Etwas zum Beißen

Wenn in ländlichen Gegenden manchmal noch heute der Hochzeitslader mit geschmücktem Hut von Hof zu Hof geht, um die förmliche Einladung zum

Hochzeitsfest für die Gäste auszusprechen, dann ist in den wohlaufgesetzten Worten, die er vorträgt, auch das Versprechen beinhaltet, daß es „etwas zum Beißen gibt: ein Ripperl Fleisch, ein Kraut, ein Stück Brot und ein Glas Wein wird's wohl für jeden sein". Das ist stark untertrieben, denn gerade die bäuerlichen Hochzeitstafeln müssen sich nach Brauch und Sitte biegen.
Je älter die Gebräuche um die Eheschließung sind, desto besser sieht man, daß es Essensbräuche schon lange vor dem eigentlichen Hochzeitsfest gab und gibt. Die „hochgezit", die „hohe Zeit" des Brautpaares, beginnt schon mit dem Zeitpunkt der Verlobung. In Tirol wurde die Verlobung mit einem Handschlag zwischen den künftigen Ehepartnern besiegelt. Und darauf folgte – meist im Hause und auf Kosten des Brautvaters – das sogenannte „Handstreichmahl". Die Verlobung ist heute ziemlich aus der Mode gekommen, und auch dort, wo sie noch stattfindet, ist nur mehr selten ein eigenes Festessen üblich. Jedenfalls wußten die Generationen vor uns noch um die „gefährliche Zeit" zwischen Verlobung und Trauung. Vor allem die Braut ist nach alten Vorstellungen dann durch Geister und Dämonen bedroht und muß vor ihnen geschützt werden. Ein auf alte Riten zurückgehendes Festmahl, nebst Verlobungsgeschenken, wie Münzen oder Ringe, hatte die Bedeutung, diesen Schutz zu gewähren und zu leisten. Daß Bedrohungen für die Verlobten zumeist weniger überirdischen Ursprung als menschliche Hintergründe hatten und haben, ist natürlich auch verständlich. Bauernschwänke und Komödien wissen ja viel über die Tratschsucht, den Neid, das „Ausrichten" als typisch menschliche Störquelle zu erzählen.
Das Unterschutzstellen der Braut ist sogar heute noch an Kleidung und Schmuck vor allem am Hochzeitstag abzulesen. Die in den indogermanischen Kulturen am längsten zurückzuverfolgenden Schutzmittel sind Gürtel. Der Brautgürtel ist also ein unverzichtbares Accessoire vor allem bei Trachtenkleidung. Solche Brautgürtel oder Brautketten waren früher in vielen Gemeinden Leihgaben aus der Gemeindestube, wo sie in einer eigenen Lade aufbewahrt lagen. Das hatte den Vorteil, daß sich auch ärmere Bräute damit schmücken konnten. Manchmal wurde ein Brautgürtel innerhalb der Familie von Generation zu Generation weitergegeben. Auch war es üblich, die Braut auf dem Weg zur Trauung durch Verhüllung vor bösen Geistern zu schützen. Der Brautschleier ist heute noch ein Rest davon. Das Brautkrönchen, wo es noch getragen wird, scheint aber eine Weiterentwicklung des alten Jungfernkranzes zu sein und dürfte aus dem römischen Brauchtum stammen.

Polterabend als Geisterabwehr

Was das Essen betrifft, beginnt eine Trauung am Vorabend des Hochzeitstages mit dem sogenannten „Nachtmahl" im Haus des Bräutigams oder der Braut. Da wird mit Freunden, vor allem aber noch ledigen Mädchen und Burschen, ein fröhliches Fest gefeiert. Dazu gehören Gesang, Tanz und auch das Schießen. Früher wurden da Böller abgeschossen, oder die Jägersburschen schossen – im Freien! – mit ihren Stutzen in die Luft, heute werden eher Feuerwerkskörper verwendet. Alle Lärmbräuche rund um die Hochzeit haben natürlich auch magischen Hintergrund. Das Krachen der Schüsse, das Scheppern und Poltern mit Geschirr, die an ein Hochzeitsauto angebundenen Blechdosen und das wilde Autohupen bei heutigen Hochzeitszügen, all das ist ebenfalls ursprünglich als Dämonenabwehr gemeint. Denn interessanterweise scheinen sich böse Geister vor nichts mehr zu fürchten als vor Lärm. Der Begriff und die Sitte des Polterabends wird daraus verständlich.

Im alpenländischen Raum wurden zum sogenannten Nachtmahl für Freunde oder Verwandte Zwetschkensuppe mit Koch (ein deftiger Mehlauflauf) oder Krapfen (Schmalzgebäck) mit Kaffee verzehrt. An Bier und Schnaps durfte nie gespart werden. Manchmal zog sich diese Vorabendfeier bis in die Morgenstunden. Und nun hatten die Bauernburschen Sorge zu tragen, daß der Hochzeitstermin nicht verpaßt wurde. Zum „Wecken der Braut" krachten bereits im Morgengrauen wiederum die Böller, auch um die Hochzeitsgäste „zuachazuschiaßn", also herbeizurufen. Und ab fünf Uhr morgens wurde für alle Beteiligten die sogenannte Morgensuppe aufgetischt, in vielen regionalen Varianten, aber in jedem Fall höchst kalorienreich. Bis zum Hochzeitszug zur Kirche gab es regional die unterschiedlichsten Sitten. Die darin enthaltenen Neckbräuche, wie zum Beispiel dem Bräutigam eine falsche Braut zuzuführen, erinnern wiederum an die alte Vorstellung der Dämonenabwehr.

Die Entführung der Braut

Früher war es auch mancherorts üblich, die Braut auf dem Weg zur Kirche zu stehlen. Die Dorfjugend konnte, wenn ihr dies als Räuberbande verkleidet gelang, dann mit ihrer „Gefangenen" von Wirtshaus zu Wirtshaus ziehen und überall auf Kosten des Brautführers zechen und essen. Wurde die Braut gefun-

den, mußte sie mit einem Geldbetrag ausgelöst werden. Wahrscheinlich hat die priesterliche Geduld hier einmal geendet, denn dieses Spiel konnte den Termin vor dem Altar schon arg verzögern. Daher ist die Sitte des Brautraubes heute erst im Zug des späteren Hochzeitsmahls üblich. Geblieben sind aber andere Behinderungsspiele für den Weg zum Altar. Da werden entweder Stricke über die Straße gespannt, der Bräutigam an bestimmten Wegpunkten mit handwerklichen Aufgaben, die aus seinem Berufsleben kommen, herausgefordert oder beiden Brautleuten Rätselfragen gestellt. In jedem Fall folgt eine „Auslöse" meist durch Bargeld, mindestens aber mit Bier und Schnaps.
Hier schlägt wieder ein anderes Motiv des großen Festes durch: die soziale Komponente. Denn eigentlich sind solche „Lösebräuche" auch jenen möglich, die zu den ärmeren Schichten zählen. Daher kamen Holzfäller, Einschichtbauern oder Taglöhner und deren Kinder im Rahmen eines solchen Festes auch zu ihrem Anteil. Beim großen Hochzeitsmahl kommt das dann nochmals zum Tragen.

Völlerei bei Fürsten und Bauern

Der Hochzeitsschmaus, üblicherweise nach der Kirche angesetzt, hat seine eigene Legende. Bei Kaiser und Königen, bei Fürsten und Adel konnte er selbstverständlich für Hunderte Gäste auch Tage dauern. Und sein Menüplan war so umfangreich, daß damit ein Büchlein hätte gedruckt werden können. Das ab dem 18. Jahrhundet aufstrebene Patriziertum tat es dem Adel nach Kräften und Möglichkeiten gleich. Aber auch bei Bauernhochzeiten sind Festtafeln für bis zu zweihundert Gäste durchaus üblich gewesen, die über viele Stunden und manchmal auch weit in den nächsten Tag hinein dauerten. Ein höchst eindrucksvolles Bild gibt hier die *Bauernhochzeit,* 1568 vom holländischen Maler Pieter Bruegel, dem Älteren (1520–1569), dem sogenannten Bauernbruegel, gemalt. Menschen mit schwachem Magen werden wahrscheinlich schon nach Betrachten dieses dokumentarischen Gemäldes eine Verdauungshilfe brauchen.
Bis heute beinhaltet ein bäuerliches Hochzeitsmahl im gesamten süddeutschen Raum mindestens folgende Gänge: Suppe, Rindfleisch, Schweinefleisch, Selchfleisch, Kraut, Kalbsbraten und jede Menge Kleingebäck, auch „Krapferl" genannt. Dazu kommen je nach Region noch ganz besondere Spezialitäten oder zusätzliche Speiseabfolgen.

Zum Beispiel war bei Hochzeitsessen in der Steiermark, in Kärnten, in Ober- und in Niederösterreich der sogenannte Prügelkrapfen weit verbreitet. Dazu, als Mindestmengenangabe, wurden 40 Eier, 75 Dekagramm Zucker und 75 Dekagramm Stärkemehl zu einer Grundmasse gerührt, wobei mehrere Frauen insgesamt eine Stunde lang zu rühren hatten. Gebacken wurde dieser Teig über offenem Feuer. Dafür wurde ein armlanger, ungefähr 10 Zentimeter dicker Holzprügel zuerst mit Pergamentpapier und dann dicht mit Schnur umwickelt. So vorbereitet auf zwei Drehlager über dem Feuer gelegt, wurde der Prügel nun mit dünnen Teigschichten übergossen, die kunstvoll und geschickt auf die Schnurlage „aufgepräckt“ wurden. Dabei mußte der Prügel langsam und gleichmäßig gedreht werden, damit die Teigschicht einerseits nicht abtropfte und andererseits goldbraun gebacken wurde. Auf die erste Teigschicht folgte ein neuer Guß und so fort, bis um den Holzprügel herum eine schichtenweise Teigrolle gebacken war. Ein Rezept, das in einem heutigen Haushalt nicht mehr auszuführen ist. Das allerdings in den besseren Konditoreien – unter anderem Namen – gekauft werden kann: Es ist der sogenannte Baumkuchen.

Hochzeitsmahl auf dem Bauernhof

Opulente Festessen finden hauptsächlich im Gasthaus statt. Doch auch wenn auf einem großen Bauernhof gefeiert wird, so sind bei diesem stundenlangen Mahl Rituale und Sitten der besonderen Art erhalten geblieben. Da wird vor Beginn des Schmauses die Braut in die Küche geschickt. „Braut, schau aufs Kraut" lautet der Traditionsspruch. Die Braut, nun schon angetraute Ehefrau, sucht also die Hochzeitsköchin auf, kostet vorschriftsmäßig vom Kraut und überreicht der Köchin ein gutes Trinkgeld. Die Symbolik des Brauchs liegt auf der Hand. Die frischgebackene Ehefrau wird in ihre Kompetenz über die Küche ihres eigenen Haushalts eingeführt und erhoben.

In Bayern kann es noch Sitte sein, daß der Braut während des Hochzeitsessens ein gut durchgebratenes Schweineschwänzchen mit Meerrettich zum Verzehr vorgesetzt wird. Volkstümlich bieten sich hier deftige Gedanken an, aber im Hintergrund steckt sicherlich ein alter, wahrscheinlich keltischer Glücksbrauch.

Im Burgenland, wo schon die Pannonische Tiefebene beginnt, gehört ein Spanferkel, über offenem Feuer knusprig gebraten, zum reichen Hochzeitsmahl. Hier hat der Brautvater die Aufgabe, vor dem Servieren den Kopf des Ferkels abzutrennen und ihn der Hochzeitsköchin zu überreichen. Die Frauen beginnen schon Wochen vor dem Fest mit dem Backen von Mehlspeisen, Torten und den sogenannten „Hochzeitsbeugeln" – kunstvoll geflochtenen Hefezöpfen. Ein besonders großes, ein sogenanntes Riesenbeugel, wird mit Rosmarinzweigen geschmückt und bei der Tafel der Braut überreicht. Auch Rosmarin soll alle bösen Kräfte abwehren.

Gerechter Anteil

Und weithin über alle Regionen verbreitet ist die Sitte des sogenannten „Bschoadpackerls". Der Begriff hat sich im Süddeutschen erhalten für jede Art von Wegzehrung, die jemandem auf die Reise mitgegeben wird. Hier mischen sich wieder magische und soziale Motive. Eine Hochzeitstafel muß ja von Überfluß sein. Es wäre fatal, wenn von den Speisen gar nichts übrigbliebe oder es sogar überhaupt nicht reichen würde. Dann hätten nach alten Vorstellungen die Dämonen und bösen Geister Macht gewonnen. Wo Überfluß herrscht, da sitzen sie nicht am Tisch. Und es gibt natürlich auch unter den Menschen keine üble Nachrede. Andererseits darf von dem, was übrigbleibt, auch nichts verderben. So werden die Reste – im Salzkammergut auf eigens dafür vorgesehene Holzteller, die „Bschoadteller" – verteilt und den Hochzeitsgästen am Schluß nach Hause mitgegeben. „Bschoad", so meinen die Sprachforscher, ginge auf das Wort „Bescheid" zurück. Denn die Familienangehörigen der Gäste würden so Bescheid davon bekommen, was bei der Tafel alles gegessen wurde. Kein Zweifel, daß hier die Mitversorgung von ärmeren Angehörigen oder Gemeindemitgliedern eine wichtige Funktion hat. Schließlich können, besonders bei weitverzweigten Familien, nicht alle zum Fest geladen werden. Aber alle sollen ihren gerechten Anteil am Festessen bekommen.

Alte Erzählungen und dokumentierte Berichte geben bis heute davon Zeugnis, daß bei Hochzeiten minderbegüterte Familien sich oft genug in ein finanzielles Problem stürzten. Eine bayrische Sitte, die sogenannte „Schenkhochzeit", fand hier schon früh Abhilfe. Die geladenen Hochzeitsgäste haben ein Mahlgeld zu zahlen und je nach Finanzkraft noch ein entsprechendes Geldgeschenk dazuzuge-

ben. Dies wird der Brautmutter in Kuverts überreicht, die sie in einer Suppenterrine mit wachsamen Augen sammelt. So kann der große Aufwand nachfinanziert werden. Auch die Hochzeitsköchin kommt zu ihrem Recht: Sie geht traditionell mit einem großen Schöpflöffel bei den Hochzeitsgästen absammeln.
Die Hochzeitstafel mit ihren vielen Traditionen, mit Trinksprüchen und Tischreden, mit dem einen oder anderen noch erhaltenen, liebenswürdigen Brauch, ist auch in unserem modernen, städtischen Leben unverzichtbar geblieben und kaum wegzudenken. Denn im einfachsten Sinn seiner Bedeutung soll sie ja den Brautleuten auch Stärkung und Kraft für ein langes und gutes, gemeinsames Leben geben.

Traditionelle Speisen zum Hochzeitsfest

Hochzeitssuppe aus dem Südburgenland

500 g mageres Rindfleisch, 100 g Zwiebeln, 1 1/2 l Wasser, Salz, 50 g Mehl, 1/2 Teelöffel Paprikapulver, 1 Eßlöffel zerlaufene Butter, 3 Eßlöffel frisch gehackte Kräuter

Wasser mit Zwiebeln und Salz in einem großen Topf zum Kochen bringen, das Fleisch einlegen und etwa 2 Stunden köcheln lassen. Das Fleisch herausnehmen, die Suppe durchseihen und noch einmal zum Köcheln bringen. Mehl in einer Tasse mit etwas kaltem Wasser anrühren, in die kochende Suppe einquirlen und 5 Minuten durchkochen. Zerlaufene Butter mit Paprika verrühren. In die Suppe eintropfen lassen, nicht mehr aufkochen. Einen Teil des Fleisches als Suppeneinlage in Würfel schneiden. Vor dem Servieren mit frischen Kräutern bestreuen.

Fleischbrühe (Rindsuppe)

Beim Hochzeitsessen ist das jene Suppe, in der das Fleisch für den zweiten Gang (siehe Seite 87) gekocht wurde.

1 Bund Suppengrün, 1 Zwiebel, 1 Knoblauchzehe, 1 Teelöffel Pfefferkörner, 5 Körner Neugewürz (Piment), 1 Lorbeerblatt, 3 Wacholderbeeren, 1 Teelöffel Salz, 1 kg Rindfleisch (hier: Schulter oder Tafelspitz, ein besonderes Stück von der Keule), 300 g Rinderknochen, Schale von 1 Ei

Rinderknochen mit kaltem Wasser waschen. Wenn sie blutig sind, einmal aufkochen, 5 Minuten ziehen lassen, abseihen und kalt abschwemmen. Nun erst wird die Suppe bereitet: Knochen, Gewürze, Knoblauchzehe und die ungeschälte, halbierte, an der Schnittfläche kurz angeröstete Zwiebel in einen großen Topf mit reichlich kaltem Wasser zum Kochen bringen. Das Rindfleisch waschen, trockentupfen und in das kochende Wasser legen. Die Eischale beifügen und auf kleinster Flamme langsam kochen. Wenn sich grauer Schaum bildet, muß er nicht abgeschöpft werden, er verkocht sich von selbst. Suppengrüngemüse waschen und putzen und nach etwa einer halben Stunde Kochzeit beifügen. Das Fleisch muß ungefähr eineinhalb Stunden kochen, sollte danach aber noch eine halbe Stunde in der heißen Suppe ziehen. Suppe abgießen, abschmecken, Gemüse fein schneiden und zur Suppe geben. In einem Teil der Suppe wird das Fleisch bis zum Servieren aufbewahrt, damit es heiß bleibt.

Selbstgemachte Suppennudeln

300 g Mehl, 1 Ei, 2 Eidotter, nach Bedarf etwas Wasser. Salz wird nur hinzugefügt, wenn die Nudeln frisch verwendet werden. Sollen die Nudeln trocknen, werden sie nicht gesalzen.

Auf einer Arbeitsfläche Mehl, Ei und die beiden Dotter zu einem glatten Teig verkneten und gut durcharbeiten. Wenn der Teig noch nicht elastisch ist, einige Tropfen lauwarmes Wasser beifügen. Teig in drei Portionen teilen und zu möglichst dünnen Blättern ausrollen. Am einfachsten ist es, diese Blätter kurz übertrocknen zu lassen und dann mit einem scharfen Messer nudelig zu schneiden. Diese Nudeln werden immer etwas dicker als fabrikfertige, aber das ist kein Nachteil, sondern ein Kennzeichen der „echten Handarbeit“. Achten Sie darauf, daß die geschnittenen Nudeln nicht aneinanderkleben. Die fertigen Suppennudeln können gleich, aber auch erst Tage später in kochendem Salzwasser kurz gekocht werden. Danach abseihen und erst kurz vor dem Servieren in die fertige Suppe geben.

Aus demselben Teig kann man auch Fleckerln (kleine Teigvierecke) schneiden, wobei die „klassischen Fleckerln“ für die höfische Festtafel bis zur Jahrhundertwende nie geschnitten, sondern mit den Händen abgerissen und sofort in Salzwasser gekocht wurden.

Hochzeitsschnitzel aus Kärnten

4 Schweinsschnitzel, 4 Scheiben Schinken (gekochter Selchschopf, das ist ein gekochter, geselchter Schweinehals), 120 g Quark (Topfen), etwas Senf, 1 kleine Zwiebel, frische Kräuter der Saison (z. B. Schnittlauch, Petersilie, Kerbel, Estragon oder eine kleine Packung Tiefkühlkräuter), Ei, Mehl und Semmelbrösel zum Panieren, Fett zum Ausbacken

Zwiebel und Kräuter fein hacken und mit dem Quark vermischen.

Schnitzel ausklopfen, an den Rändern einschneiden, leicht pfeffern und salzen, dünn mit Senf bestreichen und mit Schinken belegen. Nun die Quarkfülle gleichmäßig, aber nicht zu dick auf dem Schinken verteilen. Die Schnitzel einmal zusammenschlagen und fest andrücken. Dann jedes Schnitzel zuerst in Mehl, dann in verquirlten Eiern und schließlich in Bröseln panieren und in heißem Fett ausbacken.

Tafelspitz (Gekochtes Rindfleisch)

1 kg Tafelspitz (ein sogenanntes „Gustostück", also ein besonders feiner Teil der Keule, der sehr saftig und mager ist), wie auf Seite 85 unter *Fleischbrühe (Rindsuppe)* beschrieben, kochen. Traditionell wird das Fleisch zum Servieren in fingerdicke Scheiben geschnitten, heute sind aber Fleischscheiben von nur 3 bis 5 Millimeter Dicke sehr beliebt. Richtige Rindfleischesser allerdings können mit diesen zierlichen Schnitten nicht sehr viel anfangen. Zum Servieren werden die Fleischscheiben auf eine Platte gelegt und mit einigen Löffeln Rindsuppe übergossen. Traditionell gibt es dazu:

Semmelkren (Meerrettich mit Weissbrot)

Semmelkren ist eine österreichisch-bayrische Spezialität. Die Speise aus altbackenen Semmeln und Meerrettich zählt zu den Glücksspeisen, die an keinem Festtisch fehlen dürfen.

5 altbackene Semmeln (Brötchen oder auch 5 Scheiben Toastbrot), etwa 3/8 l entfettete Fleischbrühe (Rindsuppe), Salz, Pfeffer, 1 Eßlöffel Butter, eine winzige

Portion Safran (in alten Kochbüchern spricht man von „2 Fäden"), frisch geriebener Meerrettich (Kren): etwa 4 Eßlöffel voll und dann noch 2 Eßlöffel voll zum Garnieren

Die Semmeln in Scheiben schneiden, mit sehr heißer Suppe übergießen und mit dem Schneebesen oder dem Handmixer gut verrühren, so daß die Masse zu einem Brei wird. Butter unterrühren, Salz, Pfeffer und zuletzt den geriebenen Meerrettich. Einmal aufkochen lassen, dann warm stellen, am besten statt eines Deckels auf den Suppenkochtopf stellen. Vor dem Servieren abschmecken und etwas frisch geriebenen Meerrettich darüber streuen. (Das müssen Sie nun nach Geschmack tun. Kinder mögen Semmelkren auch, allerdings dürfen Sie dann keinen frischen Meerrettich darüber streuen, sondern ihn extra in einem Schüsselchen dazustellen.)

Apfelkren (Meerrettich mit Äpfeln)

300 g Äpfel, Saft einer halben Zitrone, 2 Eßlöffel Zucker (bei sehr süßen Apfelsorten können Sie den Zucker auch reduzieren), 1 Eßlöffel Essig, 1 Eßlöffel frisch geriebener Meerrettich (Kren)

Äpfel nicht schälen, aber das Kerngehäuse entfernen, raspeln, mit Zitronensaft beträufeln, Zucker, Essig beifügen und zuletzt den Meerrettich dazureiben.

Dillsosse

30 g Butter, 30 g Mehl, 300 ml Fleischbrühe (Rindsuppe), 2 Eßlöffel Crème fraîche, Pfeffer, Salz, 1/2 Teelöffel Zucker, 1 Bund Dill (fein gehackt)

Butter aufschäumen, Mehl einrühren und hellbraun werden lassen, durchrühren und mit Suppe aufgießen. Pfeffer, Salz, Zucker beifügen und einmal aufkochen lassen. In die fertige Soße – eigentlich ist das eine gewürzte Mehlschwitze (Einmach), mit Suppe aufgegossen – kommen die frisch gehackten Kräuter und die Crème fraîche.

ESTRAGONSOSSE

1 hartgekochtes Ei, 1 altbackene Semmel, 1/8 l Crème fraîche, Salz, Pfeffer, etwa 1/8 l Öl, 2 Handvoll frische Estragonblätter, 1 Eßlöffel Kapern, 1 Dose Sardellenfilets (sie geben der Soße einen würzigen Geschmack – wenn Sie Sardellen mögen)

Semmel in Wasser einweichen, gut ausdrücken. Ei schälen, grob hacken. Im Mixer Ei, Semmel, Salz, Pfeffer (und Sardellenfilets) vermixen. Nach und nach Öl und Estragonblätter hinzufügen und mixen, bis die Masse pastenartig wird. Zuletzt die Crème fraîche beigeben und noch einmal durchmixen. Vor dem Servieren einige Stunden im Kühlschrank aufbewahren, die Soße wird noch etwas fester.

HOCHZEITSMUS

Brauchtumsspeise aus Vorarlberg, zu der am Hochzeitsmorgen alle Dorfbewohner eingeladen waren.

250 g Semmelbrösel, 3 Eßlöffel Mehl, 2 Eßlöffel Butter zum Anrösten, 1/8 l Wasser, 1/2 l Weißwein oder Most, 2 Eßlöffel Holundersaft, 2 Eßlöffel Honig

Zwei Eßlöffel Butter in einer Pfanne heiß werden lassen und die Brösel darin anrösten, beiseite stellen. In einem anderen Topf 1 Eßlöffel Butter zerlaufen lassen, Mehl einrieseln lassen und gut durchschwitzen. Mit Wasser aufgießen, unter ständigem Rühren geröstete Brösel beigeben, dann Wein, Holundersaft und Honig hinzufügen. Gut durchrühren, aber nicht aufkochen.

WEINSCHÖBERL

In ländlichen Gebieten ist das Weinschöberl fester Bestand einer Festtafel. Vor allem bei Hochzeiten darf es nicht fehlen.

Für das Weinschöberl (es ist dem „Besoffenen Kapuziner“ oder einem Savarin sehr ähnlich) wird ein feiner Kuchen in einer Napfkuchen- oder Gugelhupfform gebacken. Noch warm wird er mit warmem, gezuckertem Wein übergossen. Erst wenn der Kuchen richtig „besoffen“ ist, wird er serviert.

4 Eier (getrennt), 100 g Zucker, 80 g geriebene Nüsse, 50 g Mehl, 1/2 Päckchen Backpulver, 3 Eßlöffel Brösel (Bisquit-, Lebkuchen- oder Semmelbrösel), Vanillezucker, 1 Messerspitze Zimt, etwas geriebene Zitronenschale, Butter für die Form
Für die Weinsoße:
3/8 l Weißwein, 1/4 l Wasser, 80 g Zucker, 1 Zimtrinde, 3 Gewürznelken, etwas Anis
Aus 4 Eiklar einen festen Schnee schlagen, kühl stellen. Mehl mit Backpulver mischen und durchsieben. Form einfetten, Backofen bei mittlerer Hitze vorheizen. Eidotter mit Zucker und Gewürzen schaumig rühren. Nüsse und Brösel zugeben und nochmals gut durchrühren. Schnee unterheben und danach das Mehl löffelweise einrühren. Masse in die Form füllen und backen. Den Kuchen aus der Form stürzen und nicht heiß, aber warm mit folgender Weinsoße übergießen:
Weißwein, Wasser, Zucker und Gewürze in einem Topf unter öfterem Umrühren zum Sieden bringen. Wenn die Flüssigkeit leicht zu schäumen beginnt, vom Herd nehmen, abseihen.
Der Kuchen muß vor dem Servieren etwa 10 bis 15 Minuten in der Weinsoße stehen. Er soll so sehr mit Weinsoße vollgesogen sein, daß man ihn noch gut in Stücke teilen kann, ohne daß er zerfällt. Er wird in kleinen Schüsseln serviert und mit einigen Löffeln Weinsoße garniert. Wenn Sie dieses Weinschöberl nicht frisch machen können, erwärmen Sie den am Vortag gebackenen Kuchen vor dem Servieren kurz im Backofen oder im Mikrowellenherd.

Weinchaudeau (Weinschaum)

3/8 l Weißwein, 5 Eidotter, 100 g Zucker
Für das Weinchaudeau werden alle Zutaten in einer Rührschüssel über Dunst warm geschlagen, bis die Masse dick und schaumig ist. Danach muß sie sofort in Schüsselchen gefüllt serviert werden.

MILCHCHAUDEAU

Diese Variante des Weinchaudeaus für Kinder wird in Wien auch „Kanarimilch" genannt, nach den schon im Biedermeier so beliebten Kanarienvögeln.
Das Rezept ist dasselbe wie das des Weinchaudeaus, nur wird statt Wein Milch verwendet.

HOCHZEITSGEBÄCK

Bei einer Hochzeit wird Kleingebäck in reicher Auswahl und großer Menge angeboten. Die Bezeichnung „Krapferl" kommt daher, daß Schmalzgebackenes seit alters am festlichen Tisch unverzichtbar war. Aus den großen in Schmalz gebackenen Krapfen, die ungezuckert als Freitagsspeise zum Gemüse auf den Tisch kamen, wurden mit der Zeit und zu besonderen Anlässen kleine, süße „Krapferl". Ein beliebtes Hochzeitsgebäck sind zum Beispiel:

POLSTERZIPFEL

400 g Mehl, 3 Eidotter, 1 ganzes Ei, 100 g Butter, 40 g Zucker, 1/8 l saure Sahne (Sauerrahm), 1/8 l Weißwein (oder Milch), Fett zum Ausbacken, Mehl zum Ausrollen, 1 Ei zum Bestreichen, Marmelade zum Füllen (sie sollte möglichst fest sein), Staubzucker zum Bestreuen
Auf einer Arbeitsfläche Mehl und Butter gut verkneten, dann mit allen anderen Zutaten zu einem festen Teig verarbeiten, der gut durchgearbeitet wird. (Je nach Konsistenz noch etwas Weißwein oder Milch zugeben.) Den Teig 15 Minuten im Kühlschrank ruhen lassen, danach auf einem bemehlten Brett ausrollen. Die ausgerollte Teigfläche zusammenfalten, den halbierten gefalteten Teig noch einmal falten. Dieser Teigblock wird nun noch einmal ausgerollt, zusammengeschlagen und wieder ausgerollt. Dieses wiederholte Ausrollen ist das Prinzip des Blätterteigs. Teig nochmals etwa 15 Minuten im Kühlen ruhen lassen. Dann wird er etwa messerrückendick ausgerollt und mit einem scharfen Messer oder einem Teigrad in Vierecke geteilt – etwa 10 mal 10 Zentimeter. In die Mitte jedes Teigvierecks einen Teelöffel Marmelade setzen. Die Teigränder mit verquirltem Ei bestreichen. Jedes Viereck zusammenschlagen, so daß die Marmelade mit Teig

bedeckt ist und die Teigtasche eine dreieckige Form bekommt. Die Ränder mit den Fingern fest andrücken und überstehenden Teig wegradeln. (Die Teigreste werden zusammengeschlagen, noch einmal ausgerollt und weitere Zipfel daraus gemacht.) Die Polsterzipfel in einer Pfanne in heißem Fett schwimmend herausbacken. Die goldgelben Zipfel müssen auf Küchenkrepp abtropfen. Noch warm mit Zucker bestreuen.

ROSENKRAPFERL

Ein traditionelles Hochzeitsgebäck, das vor allem im städtischen Bereich gerne gereicht wurde und wird.
Die Rosenkrapferl werden aus demselben Teig gemacht wie die Polsterzipfel. Nur in den seltensten Fällen werden Sie die speziellen Ausstechformen erhalten, die dem Gebäck die Form einer Blüte geben. Aber mit etwas Geschick geht es auch anders. Sie brauchen nur drei runde Ausstecher von unterschiedlicher Größe.
Den Teig messerrückendick ausrollen und für jede Rose drei verschieden große Kreise ausstechen. Jeden Kreis am Rand fünfmal einschneiden. Alle Kreise in der Mitte mit Ei bestreichen, dann jeweils drei Kreise übereinanderlegen, erst den größten, darauf den mittleren, oben den kleinsten. Mit dem Finger in der Mitte fest zusammendrücken. Nun die Rosenkrapferl in heißem Fett goldgelb ausbakken. Dadurch klaffen die Einschnitte der einzelnen Kreise auseinander, die zusammengedrückte Mitte erhält eine Vertiefung, und es entsteht eine Blüte. (Machen Sie zuerst eine „Testrose“!) Die fertigen Rosen auf Küchenkrepp abtropfen lassen, etwas Marmelade in die Vertiefung in der Mitte füllen und zum Schluß mit Zucker bestreuen.

GEDANKEN

zur Toleranz

Weiter sagte Jesus: Ein Mann hatte zwei Söhne. Der jüngere von ihnen sagte zu seinem Vater: Vater, gib mir das Erbteil, das mir zusteht. Da teilte der Vater das Vermögen auf. Nach wenigen Tagen packte der jüngere Sohn alles zusammen und zog in ein fernes Land. Dort führte er ein zügelloses Leben und verschleuderte sein Vermögen. Als er alles durchgebracht hatte, kam eine große Hungersnot über das Land, und es ging ihm sehr schlecht. Da ging er zu einem Bürger des Landes und drängte sich ihm auf; der schickte ihn aufs Feld zum Schweinehüten. Er hätte gern seinen Hunger mit den Futterschoten gestillt, die die Schweine fraßen; aber niemand gab ihm davon. Da ging er in sich und sagte: Wie viele Tagelöhner meines Vaters haben mehr als genug zu essen, und ich komme hier vor Hunger um. Ich will aufbrechen und zu meinem Vater gehen und zu ihm sagen: Vater, ich habe mich gegen den Himmel und gegen dich versündigt. Ich bin nicht mehr wert, dein Sohn zu sein; mach mich zu einem deiner Tagelöhner. Dann brach er auf und ging zu seinem Vater. Der Vater sah ihn schon von weitem kommen, und er hatte Mitleid mit ihm. Er lief dem Sohn entgegen, fiel ihm um den Hals und küßte ihn. Da sagte der Sohn: Vater, ich habe mich gegen den Himmel und gegen dich versündigt; ich bin nicht mehr wert, dein Sohn zu sein. Der Vater aber sagte zu seinen Knechten: Holt schnell das beste Gewand und zieht es ihm an, steckt ihm einen Ring an die Hand und zieht ihm Schuhe an. Bringt das Mastkalb her und schlachtet es; wir wollen essen und fröhlich sein. Denn mein Sohn war tot und lebt wieder; er war verloren und ist wiedergefunden worden. Und sie begannen ein fröhliches Fest zu feiern.

Lukas 15, 11–24

Oft werden Mahlzeiten geringgeschätzt. In den heiligen Schriften des Juden- und Christentums ist von einer solchen Geringschätzung nichts zu hören. Selbst das einfache Mahl stellt dort einen bedeutenden und bedeutsamen Akt dar; und wenn es nur eine Geste der Höflichkeit im Rahmen der Gastfreundschaft ist, hat schon diese Geste ihren Wert. Das ist im Buch Genesis, in der „gastfreundschaftlichen" Geschichte des Abraham genauso nachzulesen wie in dieser Geschichte vom verlorenen Sohn, in der sich eine wichtige und wertvolle Seite einer „christlichen" Mahlzeit zeigt.

Ich möchte diese Geschichte besonders bedenken. Da ist einmal der Vater, der seinen Sohn an die Welt der Sehnsüchte und Leidenschaften verloren hat. Als der zurückkommt, findet er die Tür nicht verschlossen, da steht vielmehr ein freudestrahlender Vater mit offenen Armen, ein Vater, der glaubt, ja überzeugt ist, daß die Wiedersehensfreude am besten mit einem Festmahl zum Ausdruck kommt. Ein Festmahl mit besten Speisen, herrlichsten Getränken, mit Musik und Tanz; und damit mit der Möglichkeit, den Kummer und die Sorgen der Vergangenheit von der Seele zu stampfen. Diese Freude erleichtert auch einen Vorgang, der sich in unseren menschlichen Beziehungen normalerweise viel schwieriger gestaltet, nämlich Versöhnung: Beim Essen und Trinken „redet es sich leichter". Und es ist auch leichter, sich und anderen Fehler einzugestehen, weil der andere in seiner Freude nicht seine kritischen Lauscher ausgefahren hat, sondern gern überhört, was der andere als Selbstanklage daherbringt.

Ein richtig verstandenes Mahl ist daher immer eine Übung – wenn nicht die Hohe Schule der Toleranz. Einer Toleranz, die mit Befreiung einhergeht. Menschen, denen wir in Toleranz begegnen, fühlen sich befreiter, unbeschwerter. Und es ist gerade das Lukasevangelium, das uns diese befreiende Erfahrung vermitteln möchte. Noch deutlicher kommt das in der Erzählung heraus, in der berichtet wird, wie Zachäus, ein hoher Zollbeamter, sein bis dahin korruptes Leben völlig ändert, weil er beim Essen mit diesem Rabbi Jesus erkennt, daß er eine Persönlichkeit vor sich hat, die die Toleranz in Person ist, aber durch diese Toleranz irgendwie auch zum Richter wird über die Spielregeln in der Gesellschaft. Mit dieser Selbsterkenntnis steht er in einer langen Reihe der bei Kohelet beginnenden Tradition: Das gierige Raffen von Geld gehört zu den Eigenschaften, die wir unter dem Motto „Ein Haschen nach Wind" zusammenrechnen dürfen. Hierher gehört wohl auch die Regel des Maßhaltens, selbst wenn Essen und Trinken vorzüglich sind, denn ein Betrunkener wird zu diesen Erkenntnissen entweder nicht gelangen oder sie vergessen.

Vom Kirtakrapfen zur Geburtstagstorte

Feste für Kirchen und Menschen

Der Geburtstag ist heutzutage für die meisten von uns ein Festtag, und doch für jeden anders. Von der naiven Freude der Kindheit wandeln sich Geburtstagsgefühle schon bei Teenagern ins Neurotische, weil sie sich zu alt vorkommen.

Glückwunsch zu Großvaters Geburtstag

Dreißigjährige geraten in die Midlife-crisis, und eine Fülle von betont amüsanten Lebenshilfebüchern führt dann für Vierzig- und Fünzigjährige beredt aus, daß erst in diesem Alter das Leben begänne. Überhaupt sind es die runden Geburtstage oder die Vierteljahrhunderte im Leben, die zu Gedenkterminen in der eigenen Lebensgeschichte werden. Und dann gibt es Menschen, die behaupten, daß ihnen der eigene Geburtstag völlig gleichgültig sei.

Unbekannter Geburtstermin

Solche Geburtstagsverweigerer, die am liebsten gar nicht wissen wollen, wie alt sie sind, kehren unwissend an den Anfang der Geburtstagsgeschichte zurück. Denn bis in die junge Vergangenheit kannten die allermeisten Menschen ihren Geburtstag nicht einmal. Und auch über ihr Lebensalter konnten sie nur ungenaue Angaben machen. Die Ursache dafür liegt auf der Hand: Die Mehrzahl der Menschen konnte nicht lesen und schreiben, und in vielen Taufmatrikeln der Kirchen wurde zwar das Taufdatum, aber nicht das Geburtsdatum eingetragen. Für viele berühmt gewordene Menschen des Mittelalters und der frühen Neuzeit sind weder Geburtsjahr noch Geburtstag feststellbar. Die Todestage wurden allerdings genau verzeichnet, denn zum Zeitpunkt ihres Ablebens waren die Betreffenden ja bereits prominent.

Auf dem sogenannten flachen Land war der Geburtstag des einzelnen am unbedeutendsten, auch wenn er in einer alphabetisierten Gesellschaft schon längst genau dokumentiert und auch bekannt war. In den vom Katholizismus geprägten bäuerlichen Gesellschaften, in den Dörfern, war der Namenstag wichtiger. Da es aber weitverbreitete Sitte war, den Kindern jenen Namen zu geben, der dem Heiligen oder der Heiligen des Geburtstages oder des Tages danach entsprach, war der Geburtstag nicht schwer zu erraten. Beim Knecht Josef, bei der Magd Josefa wäre also im 19. Jahrhundert fast automatisch festgestanden, daß sie am 18. oder 19. März geboren waren. Das Fest der Schutzpatronin oder des Schutzheiligen war für die einfachen gläubigen Menschen sehr wichtig, der Namenstag hatte starke religiöse Bedeutung.

Fest der Dorfkirche

Für die Gesellschaft war es vor allem der „Namenstag des Dorfes", besser gesagt der Dorfkirche, der im Jahreslauf ein wichtiges Fest darstellte. Beim Kirchtag, Kirtag, Kirchweihfest – für diesen Festtagsnamen gibt es unzählige Variationen in regionalen Dialekten – handelt es sich entweder um den sogenannten Ortskirchtag oder um einen Allerweltskirchtag. Ersterer ist das Patrozinium der Pfarrkirche, der Namenstag des Kirchenpatrons. Weit verbreitet waren und sind auch die Allerweltskirchtage, in der Form von allgemeinen Herbstfesten, die mit der Kirche in keinem Terminzusammenhang stehen. Es war von Dorf zu Dorf, von Region zu Region unterschiedlich, welcher dieser beiden Kirchtage überhaupt oder in größerem Ausmaß gefeiert wurde. Es gab aber auch Gemeinden, wo beide Feste gleich bedeutend waren.

Interessanterweise gibt es in der ländlichen Kirtagsfeier viele Elemente, die sich später in der städtischen Kultur beim Geburtstagsfest wiederfinden. Ein Kirchweihfest beginnt traditionell schon am Vortag des eigentlichen Kirchtages, der meistens an einem Sonntag gefeiert wird. Somit werden am Samstag mittag die Kirchenglocken besonders lange geläutet, was „Feierabendläuten" heißt. Am Abend gibt es dann die „Kirtakrapfen", auch „Hirtakrapfen", für das Gesinde. Eine ungeheuer große erhaltene Rezeptfülle von solchem Schmalzgebäck zeugt davon, wie wichtig diese Essensspende an Knechte und Mägde, Alte und Arme war. Entgegen den heute bekannten Krapfen, die aus flaumigem Hefeteig zubereitet werden, ist der klassische Kirchtagskrapfen ein mit Dörrobst, Mohn und Gewürzen gefüllter, in Schmalz herausgebackener Teigflecken. Also ein höchst magenfüllendes Gebäck, wie es für die schwer arbeitende Landbevölkerung sehr wichtig war.

In der Nacht zum Sonntag ist es wiederum die Aufgabe der Mädchen und Jungfrauen, einen „Kirtabuschen", ein Sträußchen aus Wiesenblumen, Kräutern und Rosmarin, zu binden, der am nächsten Tag vom dazugehörigen Burschen am Hut getragen wurde. Schließlich heißt Kirchtag auch immer Brautschau.

Der Sonntag beginnt schon zeitig mit Böllerschießen und ausgiebigem Morgenläuten der Kirchenglocken. Vom Kirchturm her weht die Kirchweihfahne, in gewissen Regionen gibt es auch einen geschmückten Kirchtagsbaum, der auf dem Dorfplatz oder dem Kirchplatz aufgestellt wird. Unverzichtbar ist das Ausrücken der Dorfmusik. Wie bei anderen Festen auch, steckt hinter der musikalischen oder sonstigen Lärmentfaltung die alte, bereits erwähnte Dämonenabwehr. Nach dem kirchlichen Hochamt – die Burschen tragen bereits die ihnen heimlich zugesteckten Sträußchen am Hut – teilt sich die Dorfgemeinde. Die Männer rücken ins Wirtshaus ab, die Frauen eilen an die häuslichen Herde. Denn der Kirtag verlangt ein deftiges Festessen mit zahlreichen Gängen. Die Frage ist nur, wann die Männer den Mittagstermin an der häuslichen Tafel wahrnehmen können.

Auch die Gast- und Wirtshäuser boten schon früher am Tag der Kirchweihe ein spezielles Essen an. Ob häusliche oder Wirtshausküche, im Mittelpunkt des Kirtagsessens steht selbstverständlich Fleisch. Und viele Rezepte enthalten Innereien, die zumeist als Füllung dienen. Das beweist rückblickend zwei Dinge: Wahrscheinlich wurde in vergangenen Jahrhunderten vor dem Kirtag geschlachtet, denn Innereien kann man ja nicht lange aufbewahren, und sie mußten daher sehr schnell verkocht werden. Außerdem galten Innereien nicht als hochwertige Fleischspeise, sondern als Essen für die weniger Begüterten – in diesem Fall sollte es für möglichst viele Esser ausreichend Fleisch geben.

Nicht erforschte Wurzeln

Es gibt einige Volkskundler, die die ältesten Wurzeln des Kirchtagsfestes ergründen wollten. Denn selbstverständlich gibt es weit zurückreichende, vorchristliche Bräuche, die ähnlich anmuten. Je nach Generation der Forscher waren es das germanische Thing – der Gemeinde- und Gerichtstag – oder keltische religiöse Handlungen, die kulturhistorisch zugrunde gelegt wurden. Es ließe sich lange darüber diskutieren. Aber in einer Salzburger Gemeinde hat sich ein Kirchtagsbrauch erhalten, der nur im ersten Moment christlich zu sein scheint. Vor der Kirche steht ein Korb mit geschnitzten Tierfiguren – Pferden, Rindern, Schwei-

nen, Hühnern etc. Die Kirchgänger nehmen die Holzfiguren je nach ihrem eigenen Tierbestand in die Kirche mit, umkreisen damit dreimal den Altar und legen das Holztier mit einer Geldspende dort ab. Damit gilt ihr Viehbestand als geschützt. In Verbindung mit der Annahme, daß der Kirchtag früher auch ein Schlachttag war, ist dieser erhaltene Brauch natürlich ein deutliches Indiz auf vorchristliche Opferschlachtungen für germanische oder keltische Gottheiten. Weitere mit dem Kirtag verbundene Klischees und Bräuche, wie der Tanz, ausgiebiges Trinken im Wirtshaus, das darauffolgende Trutzliedersingen – das gegenseitige Ansingen mit provokanten Texten – und die unvermeidlich daraus entstehende Kirtagsrauferei, das sind eindeutig vorchristliche Bräuche.
Der Hauptfesttag des Kirtags beginnt aber erst mit dem anschließenden Montag. Dieser Tag gehört dem sogenannten „Kirtaeinkaufen". Denn meist schon am Sonntag, oft bereits vor dem Hochamt, spätestens jedoch Montag früh hat der zum Kirtag gehörende Jahrmarkt seine Buden aufgeschlagen – früher die wichtigste Erwerbsquelle für Wanderhändler, Scherenschleifer, Schausteller, Wander-

Kirchweih in einem böhmischen Dorf

artisten, Krämer und Schnellfotografen. Der Kirchtagsmarkt bot für groß und klein alles an Lust- und Kostbarkeiten, die man ja sonst hätte nie erstehen können. „A Herzerl fürs Herzerl, ein Schleckerl fürs Schneckerl, Hosenträger für'n Bauern", so wiesen bereits die anpreisenden Verkäufer auf die hinter diesem Markt stehende tiefere Bedeutung hin. Hier wurden nämlich die Einkäufe der Liebenden getätigt. Selbstverständlich bekamen auch Kinder kleine Geschenke, aber zur Paarbildung und -bindung führten letztlich die klassischen Kirtagsgeschenke: Halstücher, Handspiegel, Taschenmesser – die sogenannten „Feiteln" oder „Veiteln" –, Schmuckketten, Rasiermesser, Mundharmonikas und Maultrommeln und vor allem die reichverzierten Lebkuchenherzen mit den Sinnsprüchen. Der Jahrmarktsmontag hat natürlich auch vorchristliche Hintergründe. Er ist der Handelstag, der sich an jeden kultischen Feier- und Opfertag notwendigerweise angeschlossen hat. Wie schon gesagt sind Trinken, Tanzen und kultische Wettspiele immer mit solchen Anlässen verbunden gewesen. Daher wird heute noch am Jahrmarktstag mehr getanzt und gegessen als am sonntäglichen Kirtag. Den ländlichen Kirchtag zeichnen also drei Elemente aus: das Namensfest eines Patrons, Essen und Trinken in reichem Maß, das persönliche Geschenk. Im persönlichen Geburtstag, einer städtischen Entwicklung und Erfindung, sind fast dieselben Elemente enthalten. Das Festessen am Geburtstag hat traditionell zusätzlichen Geschenkcharakter. Denn an diesem Tag wird das gekocht, was sich das Geburtstagskind wünscht. Und auch die Geburtstagstorte, früher oft der absolute Höhepunkt des Festtages, wird, wenn möglich, nach den Präferenzen des Gefeierten gebacken. Es wäre interessant, wenn man feststellen könnte, welche der vielen Torten die Nummer eins auf der Tortenhitliste des 20. Jahrhunderts ist. Wahrscheinlich, aber das ist nur eine Vermutung, ist es die klassische Schokoladentorte.

Die Geburtstage der gekrönten Häupter

Geburtstagsfeiern gab es für Reiche und Gebildete schon im Spätmittelalter. Allerdings wurde fast ausschließlich nur der fünfzigste Geburtstag gefeiert. Dieses Jubiläum erlebten damals nicht sehr viele Menschen, und außerdem war das fünfzigste Lebensjahr nach damaliger Ansicht auch der Beginn des Greisenalters. Es war also mehr ein Würdigungsfest denn eine Jubelfeier. Anders bei den Geburtstagsfesten für Monarchen, Potentaten, Diktatoren. Schon im 19. Jahrhundert erhielten diese die Bedeutung von Staatsfesten mit Volksfestcharakter. Noch heute erinnern sich österreichische Senioren gerne daran, daß „Kaisers Geburtstag" am 18. August quasi ein Feiertag war, obwohl Kaiser Franz Joseph I. 1916 starb und die meisten der Erinnernden dieses monarchieweite jährliche Volksfest gar nicht persönlich erlebt haben. Das Wort „Kaiserwetter" für einen besonders schönen Sommertag ist allerdings bis heute allgemein erhalten geblieben.

Die alljährliche Feier von Geburtstagen hat sich im Bürgertum und bei den einfachen Leuten erst in der zweiten Hälfte des 19. Jahrhunderts durchgesetzt. Erst im 20. Jahrhundert ist dieser städtische Brauch in die Landbevölkerung zurückgekehrt. Und aus den Kirchtagskrapfen, der Festspeise der Schwerarbeiter, war in der Stadt das wichtigste und oft einzige Geburtstagsgeschenk geworden – die Geburtstagstorte.

Schaustücke für die Festtafeln

Auch der Weg der Torte auf unseren Festtafeln ist lang und merkwürdig. Das Wort kommt aus dem Spätlateinischen, wo „torta" Brotgebäck oder rundes Brot bedeutet. Im älteren Latein hieß „tortum" „gewundenes" Brot, wahrscheinlich waren dies geflochtene Brote. Im 15. Jahrhundert kam der Begriff „torta" über das Italienische und Französische auch in den deutschen Sprachraum. Da bedeutete er schon soviel wie Feingebäck. Im Spätmittelalter und in der Renaissance sahen die Torten noch ganz anders aus. Sie waren Fleischtorten, denn auf einen Tortenboden aus feinem Brotteig kamen Kalbfleisch, Geflügel, in der Fastenzeit Fisch und manchmal auch Gemüse, Quark, Käse oder Äpfel. Der Teig wurde über der Füllung zusammengeschlagen und diese pastetenähnliche Torte im Ofen in einer Pfanne gebacken. Manchmal setzte man auch zerlegbare Model ein, um die Torten in besonders schöne Formen zu bringen. Die französischen Pastetenbäcker waren berühmt dafür, wahre Kunstwerke dieser herzhaften, gefüllten Kuchen herzustellen.

Das, was wir heute unter einer Torte verstehen, begann erst im Barock Gestalt anzunehmen. Da wurden Torten als Schaustücke für die Festtafeln in den Mittelpunkt gestellt und mußten daher kunstvolle Verzierungen erhalten. Die Torte wurde also zum Prunkstück für das Auge. Die Hauptform war immer noch die des Brotes, nämlich rund. Aber Torten wurden bereits in architektonischen

Glanzleistungen zu hohen Stocktorten, verziert mit Figuren und Skulpturen, mit Säulen, Ornamenten und Dekorationen aus Marzipan, aufgebaut. Die heutigen Hochzeitsstocktorten sind noch ein Nachklang der barocken Tortenpracht.

Um 1800 enthielten die zeitgenössischen Kochbücher bereits umfangreiche Kapitel zum Thema Torte. Man unterschied zwischen geschobenen, gesottenen, gewürzten, gemischten, grillierten, aufgestrichenen, gegossenen und gerührten Torten. Die Tortenformen waren Model – vor allem der sogenannte Bergmodel – oder verstellbare Metallreifen. Aber die Tortenbäcker stellten ihre Formen auch aus Papier, Kleister und Bindfäden her. Die Tortenkultur war selbstverständlich untrennbar mit der Aufstellung des Backherdes auch im einfachen Haushalt verbunden. Die Küchenliteratur ab 1850 zählt daher eine bereits schier unendliche Anzahl von Torten auf. Die Benennungen der Torten zerfallen jetzt in andere Kategorien. Zuerst einmal nach der Hauptzutat oder nach dem Hauptgeschmack. Schokoladetorte, Mohntorte, Nußtorte, Topfentorte (Käsekuchen) etc. Dann gibt es die Torten, die nach ihren Schöpfern oder Erfindern benannt wurden. Hier seien nur die Sachertorte oder die Dobostorte als prominenteste Vertreter erwähnt. Eine andere Kategorie unterscheidet die Torten nach einem Ursprungsland oder Ursprungsort: Pariser, Mailänder, Prager, Meraner, Ischler Torte etc. Torten, die nach Persönlichkeiten bezeichnet oder diesen gewidmet sind, sind unter anderem die Nelson-, Napoleon-, Elisabeth-, Radetzky-, Pfarrer-Kneipp- und die Malakofftorte. Auch historische Ereignisse wurden mit Torten verewigt: etwa die Alliance-, die Börsianer-, die Radfahrer-, die Automobil-, die Eisenbahnertorte usw.

In Deutschland und Österreich haben Torten noch immer die alte klassische runde Form, die eckigen Formen stammen aber aus Amerika oder England. Und wenn man darüber nachdenkt, wieso die Torte – sei sie aus häuslicher Küche oder beim Zuckerbäcker gekauft – scheinbar unverzichtbar für den Geburtstagstisch ist, so gibt doch wieder die runde Fom den letzten Aufschluß darüber. Die Torte ist wahrscheinlich deshalb ein so wichtiges Geschenk, weil sie der städtische Nachfolger der seinerzeitigen Patenbrote ist. Taufpaten oder Firmpaten haben ja früher den ihnen Anvertrauten zu Festtagen Brote aus feinem Teig geschenkt. Gedanklich ist es vom mittelalterlichen Gebildbrot zur postmodernen Superluxustorte ein gerader und eigentlich nur kurzer Weg.

Leckere Speisen für Geburtstage und Kirchenfeste

Kirchtagssuppe aus der Steiermark

Insgesamt 1 kg Fleisch von verschiedenen Tieren, z. B. Huhn, Lamm, Schwein. Wenn das Fleisch nicht am Knochen ist, ein paar Rinderknochen beifügen. Auch die Innereien werden mitgekocht. 1 Bund Suppengemüse, 2 Knoblauchzehen, 1 kleine Zwiebel, Salz, 1 Lorbeerblatt, einige Wacholderbeeren und Pfefferkörner, Salz, die Schale von 1 Ei, frische Kräuter (vorzüglich Liebstöckel, Petersilie, Salbei, Majoran, die aber nicht klein gehackt werden, sondern ganz bleiben), 2 Eßlöffel Mehl, 1/4 l saure Sahne (Sauerrahm), 1 Spritzer Essig, 1 Eidotter, 3 Scheiben Schwarzbrot, 3 gepreßte Knoblauchzehen

Suppengemüse putzen, Zwiebel und Knoblauch gut waschen, nicht schälen. Fleisch waschen und in einem großen Topf mit kaltem Wasser auf den Herd stellen. Suppengrün, Zwiebel, Knoblauch, Salz, Pfeffer-, Wacholderkörner, Lorbeerblatt, Eischale und die Kräuter beifügen. Aufkochen lassen und auf kleinster Flamme köcheln, bis das Fleisch weich ist.

Schwarzbrotscheiben mit etwas Fett in einer Pfanne anrösten und danach mit gepreßtem Knoblauch bestreichen. In Würfel oder in Streifen schneiden.

Suppe abseihen, Fleisch von den Knochen lösen, würfelig schneiden und in ein wenig Suppe beiseite stellen. Das Mehl unter die Sahne rühren, gut durchmischen, so daß eine glatte Masse daraus wird. Diese Masse mit dem Schneebesen in die überkühlte Suppe rühren. Die Suppe noch einmal kurz aufkochen, Essig beifügen und vom Herd nehmen. Eidotter gut verrühren und in die nicht mehr kochende Suppe kräftig einrühren. Nun kommen auch die Fleischwürfel in die Suppe. Dazu wird das geröstete Schwarzbrot serviert.

Französische Zwiebelsuppe

300 g Zwiebeln, 80 g Butter, Pfeffer, Salz, 1 Eßlöffel Mehl, 1/4 l Weißwein, 1 l Wasser, 1 bis 2 Suppenwürfel, 4 Scheiben geröstetes (oder getoastetes) Weißbrot, 100 g geriebener französischer Hartkäse (oder z. B. Emmentaler)

Zwiebeln schälen und in feine Scheiben schneiden, so daß sie beim Anbraten in Ringe zerfallen. Butter in einem Topf zerlaufen lassen, die Zwiebeln darin hellgelb rösten. Mit etwas Mehl bestäuben, mit Weißwein ablöschen und mit Wasser aufgießen. Salzen, pfeffern, Brühwürfel beifügen und etwa 20 Minuten bei geringer Hitze kochen lassen. Die gerösteten Weißbrotscheiben mit Käse bestreuen. Beim Servieren wird in jeden Suppenteller ein Weißbrot mit Käse gelegt und die Suppe darüber geschöpft.

Schweinslungenbraten nach Wellington

Eine Spezialität der Pfarrersköchin

Laut Originalrezept wird „Filet Wellington" aus Rinderfilet bereitet, das mit einer Farce aus Kalbfleisch umgeben wird. Hier wird für die Festspeise Schweinslungenbraten verwendet, ein ausgesprochen zartes, nicht zu großes Fleischstück, in manchen Gegenden auch „Schweinsjungfer" genannt. Die Masse, in die das Fleisch gehüllt wird, besteht aus Kräutern und Gemüse.

Etwa 4 Schweinslungenbraten (700 bis 800 g), Salz, Pfeffer, Öl zum Anbraten, 1 Zwiebel, 4 bis 5 Champignons, 1 Karotte, 1 Handvoll fein gehackte Kräuter (v. a. Petersilie), Salz, Pfeffer, einige Tropfen Worcestersoße, 1 Eßlöffel Tomatenmark, 1 Packung Tiefkühl-Blätterteig (oder ein selbstgemachter Quarkteig aus Vollkornmehl aus: 250 g Mehl, 1 Päckchen Backpulver, 250 g Quark, 200 g Butter, 1 Prise Salz, 1 Ei), 1 Ei zum Bestreichen

Quarkteig bereiten oder Tiefkühl-Blätterteig auftauen.

Gemüse putzen. Zwiebel fein hacken, Karotten in dünne Streifen, Champignons dünnblättrig schneiden. In einer Pfanne Öl erhitzen, Zwiebel darin glasig dünsten, Karotten und schließlich Champignons beifügen und mitdünsten. Salzen, pfeffern, Worcestersoße, Tomatenmark und zuletzt die Kräuter dazugeben und gut durchdünsten, so daß eine fast streichfähige Masse entsteht.
Fleischstücke waschen und trocknen, pfeffern und salzen. In einer Pfanne Öl heiß werden lassen und die Fleischstücke von allen Seiten rasch anbraten, so daß das Fleisch innen rosig bleibt.
Backofen bei mittlerer Hitze vorheizen. Den Teig etwa 3 Millimeter dick ausrollen und die Kräutermasse darauf streichen, die Ränder dabei frei lassen. Die Fleischstücke darauf legen und mit dem Teig einhüllen, also eine große Teigtasche bereiten. Den Teig um jedes Fleischstück zusammendrücken und durchschneiden. Sie können aber auch den Teig zuerst in 4 gleich große Stücke teilen und dann das Fleisch darauf legen. Die Ränder mit verquirltem Ei bestreichen und die Teigtaschen so auf ein mit Backpapier ausgelegtes Backblech oder in eine Pfanne legen, daß die „Nahtstelle" unten ist. Bei Verwendung von Blätterteig unbedingt einige Löffel Wasser auf das Backpapier oder den Pfannenboden spritzen. Ist Teig übriggeblieben, diesen noch einmal ausrollen und einige Formen (z. B. Sterne, Kreise) ausstechen und als Dekoration auf die Teigtasche legen. Die Teigoberfläche mit verquirltem Ei bestreichen und alles goldbraun backen. Sollte etwas von der Kräutermasse übrig sein: in einer Kasserolle mit etwas Suppe aufgießen, einige Minuten durchkochen und beim Servieren die Lungenbratenstücke mit einem Löffel davon garnieren.
Dazu passen feine Gemüse oder Salat.

Kirchtagsbraten aus Kärnten

4 Schnitzel vom Kalb oder Schwein, etwas Salz, frische Kräuter der Saison (z. B. Basilikum, Rosmarin, Salbei, Zitronenmelisse oder auch eine kleine Packung Tiefkühlkräuter), 125 ml Crème fraîche oder saure Sahne (Sauerrahm), Öl zum Anbraten, nach Geschmack $^1/_4$ l Rotwein oder die entsprechende Menge Suppe
Für die Fülle:
500 g Lunge (Beuschel), 1 Niere, 1 Zunge, 4 bis 6 Eßlöffel Semmelbrösel, 3 Eier, etwas Salz, Majoran, Thymian
Lunge, Herz, Niere und Zunge kochen, etwas abkühlen lassen und durch

den Fleischwolf drehen. Eier, Brösel und Gewürze beigeben und gut durchmischen.
Die Schnitzel klopfen, leicht salzen und fingerdick mit der Fülle bestreichen. Einrollen und jedes Schnitzel mit zwei Zahnstochern feststecken und mit einem Faden zusammenbinden. Öl in einer Pfanne erhitzen und die Rouladen unter ständigem Wenden anbraten. Wenn sie von allen Seiten angebraten sind, mit Flüssigkeit aufgießen, zudecken und das Fleisch weich dünsten. Zum Verfeinern des Saftes die Bratenstücke herausnehmen, Kräuter beigeben und Crème fraîche unterrühren.

Mousse au Chocolat

180 g Schokolade (zartbitter), 100 g Butter, 120 g Zucker, 5 Eier, 4 Eßlöffel kräftiger Mokka

Dieses Dessert ist nicht schwierig zuzubereiten, allerdings ist eine gewisse Behutsamkeit beim Ein- und Unterrühren ratsam!
Schokolade in kleine Stücke brechen. Die Eier teilen: Eiweiß in einer großen Schüssel steif schlagen. In einer anderen Rührschüssel Eidotter mit Zucker sehr schaumig rühren. Butter in einer Stielpfanne bei schwacher Hitze zerlaufen lassen, Schokoladestücke dazugeben und langsam schmelzen lassen, dabei ständig umrühren! Die flüssige Schokolade vorsichtig unter die Eidotter-Zucker-Masse heben, danach den Mokka einrühren. Zwei gute Löffel vom geschlagenen Eiweiß unter diese Masse heben, danach alles vorsichtig vermengen. Nun wird die Schokolademasse in Glasschalen gefüllt und über Nacht kühl gestellt.

Kirchweihnudeln aus Bayern

450 g Mehl, 1 Päckchen Trockenhefe, $^1/_8$ l lauwarme Milch, 80 g Zucker, 100 g weiche Butter, 3 Eidotter, 1 Prise Salz, 100 g Rosinen, 2 Eßlöffel Rum, Fett zum Ausbacken, Staubzucker zum Bestreuen

Rosinen kurz in Rum einweichen. In einer weiten Rührschüssel Mehl und Trokkenhefe vermischen, Eidotter, Butter, Zucker, Salz, Rum und Rosinen und nach und nach die Milch einrühren. Den Teig gut durcharbeiten (mit den Knethaken des Handmixers), mit einem Tuch zudecken und etwa 30 Minuten ruhen lassen. (Sollte der Teig weich sein, bemehlen Sie das Tuch, damit es nicht kleben bleibt.) In der Zwischenzeit eine Arbeitsfläche bemehlen. Mit einem Löffel kleine Portionen aus dem Teig abstechen, Kugeln formen und auf die bemehlte Fläche legen. Die Kugeln mit einem Tuch bedecken und noch einmal etwa 30 Minuten aufgehen lassen. Danach werden die Kirchweihnudeln mit einem scharfen Messer, dessen Klinge am besten mit etwas Öl eingefettet wird, kreuzweise eingeschnitten, so daß die Oberfläche in vier Teile aufspringt. (Diese werden dann beim Ausbacken noch weiter auseinanderklaffen. Versuchen Sie erst eine „Probenudel", es ist ganz einfach.) In einer großen Pfanne in Fett schwimmend oder aber in der Friteuse werden die Kirchweihnudeln beiderseits ausgebacken, bis sie goldgelb sind, und zwar mit der eingeschnittenen Seite zuerst. Auf Küchenkrepp gut abtropfen lassen. Vor dem Servieren mit Zucker bestreuen.

Kirtakrapfen aus Tirol

400 g Mehl, 1 Prise Salz, 60 g zerlassene Butter, 2 Eier, 1 Eßlöffel Rum, etwa $^1/_{16}$ l lauwarmes Wasser

Für die Fülle:

150 g geriebener Mohn, 250 ml Milch, 250 g fein gewiegte Dörrpflaumen, 60 g Zucker, 1 Eßlöffel Honig, 1 Teelöffel Zimt, bei Bedarf 2 Eßlöffel Semmelbrösel

Fett zum Ausbacken, Zucker zum Bestreuen

Für die Fülle Mohn, Zucker, Honig und Milch aufkochen und 2 bis 3 Minuten köcheln lassen. Zimt beifügen. Sollte die Masse zu weich sein, etwas Semmelbrösel einstreuen. Abkühlen lassen.

Aus Mehl, Eiern, Butter, Rum, Salz und nach und nach Wasser einen Teig kneten, bis er weich und elastisch ist. Teig in vier Teile teilen und jeden Teil extra noch einmal kneten. Die Teigportionen mit einem Tuch bedecken und etwa 30 Minuten ruhen lassen. Jede Teigportion möglichst dünn ausrollen, aber etwas dicker als Strudelteig. Zwei Teigblätter nebeneinanderlegen. Auf eines wird nun in gleichmäßigen Abständen in kleinen Häufchen die Fülle gesetzt. Zwischen den einzelnen Häufchen mindestens 5 Zentimeter Platz lassen. Nun wird das belegte Teigblatt mit dem zweiten, unbelegten, zugedeckt. Rund um die Fülle den Teig gut andrücken und mit einem scharfen Messer oder einem Teigrad Quadrate ausschneiden. Diese gefüllten Krapfen in einer Pfanne mit heißem Fett auf beiden Seiten herausbacken. Auf Küchenkrepp abtropfen lassen und vor dem Servieren mit Zucker bestreuen.

Heidentorte

Eine Torte aus Vollkornmehl, und zwar aus Buchweizen, der auch Heiden genannt wird.

140 g weiche Butter, 4 Eier (getrennt), 140 g Zucker, 1 Päckchen Vanillezucker, 140 g grob gemahlene Mandeln, einige Tropfen Bittermandelöl, 140 g gesiebtes Buchweizenmehl, 1 Päckchen Backpulver, Butter für die Form
Für die Fülle:
1 Glas Zitronenmarmelade
Für die Glasur:
250 g Staubzucker, Saft einer Zitrone, heißes Wasser
Schnee von 4 Eiklar schlagen, kühl stellen. Tortenform mit Butter ausfetten. Backofen bei mäßiger Hitze vorheizen. Butter mit Zucker gut verrühren, 4 Eidotter, Vanillezucker, Bittermandelöl beigeben und zu einer schaumigen Masse rühren. Mandeln und zuletzt das mit Backpulver vermischte Mehl unterrühren. Den Eischnee vorsichtig unterheben, die Masse in die Tortenform füllen und die Torte etwa 40 Minuten backen.
Die erkaltete Torte einmal durchschneiden und mit Marmelade füllen. (Ist die Marmelade nicht streichfähig, mit einem Schuß Wasser oder Rum vermengen und gut durchrühren.)
Für die Glasur Staubzucker in eine Schüssel sieben, mit Zitronensaft verrühren und so viel heißes Wasser hinzufügen, daß die Glasur einen eingetauchten Löffel

schön überzieht. Torte damit glacieren. Die Torte kann mit kandierten Früchten, aber auch mit Zitronenscheiben aus Gelee (aus dem Bonbon-Fachgeschäft) verziert werden.

Marzipantorte

5 Eier (getrennt), 140 g Zucker, 3 Eßlöffel Rum, 1 Päckchen Vanillezucker, 3 Eßlöffel Kakao, 180 g Mehl, 1 Päckchen Backpulver, Butter für die Form
Für die erste Fülle:
100 g Staubzucker, 200 g weiche Butter, 250 g Marzipanrohmasse, 4 Eidotter, 1/16 l Orangensaft, einige Tropfen Bittermandelöl, Schale einer halben unbehandelten Orange
Für die zweite Fülle:
200 g Marzipanrohmasse, 100 g Staubzucker
200 g Kuvertüre (am besten: leicht bittere)

Für den Teig die Eiklar steif schlagen und kühl stellen. Dotter schaumig rühren, Zucker, Vanillezucker, Rum, Kakao und zuletzt Backpulver mit Mehl vermischt einrühren. Den Schnee vorsichtig unterheben und die Masse in die Tortenform füllen. Im vorgeheizten Backrohr bei mäßiger Hitze langsam backen.

Für die erste Fülle Marzipan in kleine Stücke schneiden. Zucker und Butter gut verrühren, Dotter, Marzipan, Orangensaft, Orangenschale und Bittermandelöl beigeben und gut durchrühren, bis die Masse glatt und weich geworden ist.

Für die zweite Fülle Marzipanrohmasse und Staubzucker gut miteinander verkneten und dünn ausrollen. Zwei Kreise in der Größe der Tortenform ausschneiden.

Die ausgekühlte Torte in drei Schichten schneiden. Den untersten Tortenteil mit Fülle 1 bestreichen, einen Marzipankreis (Fülle 2) darauf legen, danach den nächsten Tortenteil. Diesen wieder mit Fülle 1 bestreichen, einen Marzipankreis und den dritten Tortenteil darauf legen. Nun wird die Torte am Rand und auf der Oberfläche mit der restlichen Creme (Fülle 1) bestrichen und muß für zwei Stunden in den Kühlschrank. Danach die Kuvertüre schmelzen lassen und die Tortenoberfläche damit überziehen. Restliche Kuvertüre auf eine Platte streichen und kalt werden lassen. Ist noch Marzipanteig (Fülle 2) übriggeblieben, so werden daraus kleine Formen ausgestochen (z. B. Sterne, Kreise oder Tierfiguren) und die Oberfläche damit verziert. Die erkaltete Kuvertüre kann mit einem Teigschaber zu Röllchen abgeschabt werden, die ebenfalls als Dekoration dienen können.

Klosterneuburger Torte

Die Kreation einer Jungköchin im nahe Wien gelegenen Stift Klosterneuburg zu Beginn des 19. Jahrhunderts. Die Mandeln für die Torte kamen von den klostereigenen Mandelbäumen. Sie stehen bis heute an der Mauer des großen Stiftsgartens und tragen Früchte.

250 g Butter, 200 g Zucker, 8 Eier (getrennt), 200 g geriebene Mandeln,
200 g Mehl, 1 Päckchen Backpulver, 1 Messerspitze Zimt, Vanillezucker,
200 g geriebene Schokolade, 1 Prise Salz
Für die Fülle:
Marmelade
Für die Glasur:
200 g Kuvertüre, 20 g Kokosfett (für die original Klosterneuburger Torte sollte die Kuvertüre hellbraun sein)

Eine Tortenform gut einfetten und leicht bemehlen. Backofen bei mittlerer Hitze vorheizen. Von 8 Eiklar festen Schnee schlagen, kühl stellen. In einer weiten Rührschüssel Butter und Zucker schaumig rühren, Eidotter hinzufügen, dann Vanillezucker, Zimt, Salz beifügen. Mandeln, Mehl und Backpulver vermischen und nach und nach in die Masse einrühren. Vorsichtig den Schnee und zuletzt die geriebene Schokolade unterheben. Im Backrohr bei mäßiger Hitze bis zur „Nadelprobe“ durchbacken. (An einer in die Masse gestochenen Nadel dürfen beim Herausziehen keine Teigreste hängen.)
Für die Glasur die Kuvertüre in Stücke schneiden und in einem Gefäß im Wasserbad schmelzen. In einer Kasserolle das Kokosfett zum Schmelzen bringen und die Kuvertüre einrühren. Etwas überkühlen lassen und dann damit die erkaltete Torte überziehen.

GEDANKEN

zum Miteinander

Am gleichen Tag waren zwei von den Jüngern auf dem Weg in ein Dorf namens Emmaus, das sechzig Stadien von Jerusalem entfernt ist. Sie sprachen miteinander über all das, was sich ereignet hatte. Während sie redeten und ihre Gedanken austauschten, kam Jesus hinzu und ging mit ihnen. Doch sie waren wie mit Blindheit geschlagen, so daß sie ihn nicht erkannten. Er fragte sie: Was sind das für Dinge, über die ihr auf eurem Weg miteinander redet? Da blieben sie traurig stehen, und der eine von ihnen – er hieß Kleopas – antwortete ihm: Bist du so fremd in Jerusalem, daß du als einziger nicht weißt, was in diesen Tagen dort geschehen ist? Er fragte sie: Was denn? Sie antworteten ihm: Das mit Jesus aus Nazaret. Er war ein Prophet, mächtig in Wort und Tat vor Gott und dem ganzen Volk. Doch unsere Hohenpriester und Führer haben ihn zum Tod verurteilen und ans Kreuz schlagen lassen. Wir aber hatten gehofft, daß er der sei, der Israel erlösen werde. Und dazu ist heute schon der dritte Tag, seitdem das alles geschehen ist. Aber nicht nur das: Auch einige Frauen aus unserem Kreis haben uns in große Aufregung versetzt. Sie waren in der Frühe beim Grab, fanden aber seinen Leichnam nicht. Als sie zurückkamen, erzählten sie, es seien ihnen Engel erschienen und hätten gesagt, er lebe. Einige von uns gingen dann zum Grab und fanden alles so, wie die Frauen gesagt hatten; ihn selbst aber sahen sie nicht. Da sagte er zu ihnen: Begreift ihr denn nicht? Wie schwer fällt es euch, alles zu glauben, was die Propheten gesagt haben. Mußte nicht der Messias all das erleiden, um so in seine Herrlichkeit zu gelangen? Und er legte ihnen dar, ausgehend von Mose und allen Propheten, was in der gesamten Schrift über ihn geschrieben steht. So erreichten sie das Dorf, zu dem sie unterwegs waren. Jesus tat, als wolle er weiterge-

hen, aber sie drängten ihn und sagten: Bleib doch bei uns; denn es wird bald Abend, der Tag hat sich schon geneigt. Da ging er mit hinein, um bei ihnen zu bleiben. Und als er mit ihnen bei Tisch war, nahm er das Brot, sprach den Lobpreis, brach das Brot und gab es ihnen. Da gingen ihnen die Augen auf, und sie erkannten ihn; dann sahen sie ihn nicht mehr. Und sie sagten zueinander: Brannte uns nicht das Herz in der Brust, als er unterwegs mit uns redete und uns den Sinn der Schrift erschloß? Noch in derselben Stunde brachen sie auf und kehrten nach Jerusalem zurück, und sie fanden die Elf und die anderen Jünger versammelt. Diese sagten: Der Herr ist wirklich auferstanden und ist dem Simon erschienen. Da erzählten auch sie, was sie unterwegs erlebt und wie sie ihn erkannt hatten, als er das Brot brach.

Lukas 24, 13–35

In keinem der anderen Evangelien spielt die Erfahrung des Göttlichen, spielt die Kontaktaufnahme mit Jesus von Nazaret eine so große Rolle wie in dem des Lukas. Der Autor scheint sich besonders darum bemüht zu haben, zu zeigen, wie Jesus sich am besten zu erkennen gibt, indem er mit den Menschen ißt. Natürlich gibt es auch im Johannesevangelium deutliche Hinweise auf die Wichtigkeit des Mahles. Aber dort sind die Zusammenhänge schwieriger zu erfassen, und es bleibt vieles im dunkeln – außer es öffnet sich der Mensch für die „Einflüsterungen" des Heiligen Geistes, den Jesus seinen Freunden beim Abschiedsessen als Trost verspricht. Lukas geht an die Sachverhalte des Glaubens unkomplizierter heran. Er zeigt in schlichter Art auf, wie es möglich ist, Jesus zu entdecken. Ob dies nun der „irdische" Jesus ist oder der Auferstandene.

Für mich ist die Geschichte aus dem 24. Kapitel ein Musterbeispiel, wie eingefahrene Glaubenswege korrigiert und, durch die Suche nach diesem Jesus von Nazaret, ganz neue und gangbare Wege erschlossen werden. Denn da gehen zwei junge Menschen traurig dahin, festgefahren in dem Glauben, daß mit dem Tod „alles aus ist". Und wie sich der Totgeglaubte zu ihnen gesellt, da wirft er ihnen nicht sofort ihre Agnostik vor. Sondern er führt sie durch Fragen in eine neue Möglichkeit, die Dinge zu verstehen, die sie zwar schon wußten, aber nicht begriffen hatten. Er wimmelt die Unverständigen auch nicht ab, sondern er verweilt mit ihnen, bleibt stehen, so lange, bis es für sie eine Möglichkeit des Begreifens gibt. Und wenn es gelingt, genügend tief zu schauen oder quer zu blicken, taucht ein ähnliches Bild auf wie bei der Begegnung Abrahams mit Gott unter den Eichen in Mamre. Indem Jesus so tut, als ob er gehen wolle, appelliert er an ihre Gastfreundschaft – und nicht vergebens. Sie laden ihn zum Verweilen ein. Und am Brotbrechen und bei der Segnung des Weines erkennen sie ihn. Und es gehen ihnen die Augen auf. Deutlicher kann ja der Hinweis nicht ausfallen, wie wir den Auferstandenen finden und bei uns beherbergen können, als wenn wir mit ihm essen.

Ich wage aufgrund dieser Erklärungen des Lukas den Schluß zu ziehen, daß Gottes Anwesenheit unter uns Menschen sich am deutlichsten zeigt, wenn Menschen im Sinne dieses Jesus miteinander essen. Ich vermute deshalb auch, daß kirchliche Gemeinschaft vor allem dann Sinn macht, wenn wir Menschen uns zum gemeinsamen Mahl treffen und wenn bei diesem Mahl nicht unser Hunger im Mittelpunkt steht, sondern der Einladende, der sich uns als der zu erkennen gibt, der uns liebt. Dann kann es sich auch ergeben, daß die Teilnehmer an einem solchen Mahl den Saal oder das Zimmer verlassen, um freudig mitzuteilen, daß „miteinander essen" die schönste Sache der Welt ist; und was dazukommt: Sie werden dafür sorgen, daß auch andere die Möglichkeit erhalten, essen zu können. Es ist in diesem Zusammenhang nur zu verständlich, daß Jesus seinen Freunden den Auftrag gibt, für Hungrige Brot und Fische zu besorgen. Aufgabe einer lebendigen Kirche ist es, sich dem Wort: „Gebt ihr ihnen zu essen . . ." nicht zu verschließen. Dies schon deshalb, weil dem, der sich um das Brot für die Hungrigen sorgt, eher die Türen zum Saal, in dem das Fest stattfindet, geöffnet werden.

Weihfleisch und Butterlamm

Von österlichen Bräuchen und Speisen

Das Osterfest ist nicht nur das höchste Fest im christlichen Kirchenjahr, es war schon in seinen Ursprüngen ein Fest der Auferstehung, des ewigen Lebens und, im allgemeinsten Sinn des Wortes, der Wiedergeburt. Im deutschen Wort „Ostern", auch im englischen „Easter", steckt ein althochdeutsches Wort, das den bis weit in die Vorgeschichte zurückreichenden Anlaß dieses Festtermins beschreibt. „Ôstarûn" bedeutet eigentlich „Zeitpunkt" und meint jenen Zeitpunkt, an dem „die Sonne wieder im Osten aufgeht". In heutigen Worten heißt das schlicht und einfach „Frühlingsbeginn". Und die Verbindung mit dem ersten Frühlingsvollmond geht darauf zurück, daß die Menschen der mesopotamischen Hochkulturen, vor allem die Sumerer, daran glaubten, daß in Vollmondnächten die Versöhnung zwischen Göttern und Menschen besonders gut möglich ist.

Frühes Brauchtum

Das Brauchtum, zum Frühlingsvollmond ein wichtiges Fest zu feiern, kam also von den großen Städten des Euphrat und Tigris, lange bevor die Juden es als Gelobtes Land besiedelten, nach Kanaan. Das Judentum feierte zum selben Termin sein großes Erinnerungsfest an den Auszug aus Ägypten – das Passahfest oder, wie wir heute sagen, das „jüdische Osterfest". Über die Kreuzigung und die Auferstehung des Jesus von Nazaret anläßlich des Passahfestes gelangte dieses Osterfest in die Liturgie des Christentums. Hier wurde der erste Sonntag nach

Das Passah

dem Frühlingsvollmond zum Hauptfesttag, zum Ostersonntag, erhoben. Die frühen Christen feierten die Auferstehung Christi in der Nacht auf diesen Sonntag. Sie hatten die konkrete Vorstellung, daß die Parusie – die Wiederkehr des Auferstandenen auf Erden – genau in dieser Nacht geschehen müßte. Daher war es eine Nacht der Erwartung des Himmelreichs auf Erden. Ebenso wurden neue Gemeindemitglieder in dieser Osternacht getauft. Die Verschiebung der Auferstehungsfeier von der Osternacht auf den Nachmittag oder Abend des vorhergehenden Tages hatte im frühen Mittelalter praktische Gründe. Schon im vierten Jahrhundert beklagt der Kirchenvater Hieronymus die zunehmende Unsicherheit während der Nacht in den Städten. Das junge Christentum konnte seine Feiern nicht überall unangefochten abhalten. Und in der Nacht war die Gefahr eines feindlichen Überfalls oder einer bösartigen Attacke besonders groß. Daher kam die Vorverlegung auf den Karsamstag. Noch vor einigen Jahrzehnten wurde die Auferstehungsfeier am Nachmittag des Karsamstages mit großen, prunkvollen Prozessionen gefeiert. Heute ist es wieder weit verbreitet, die Auferstehung am Karsamstagabend in der Kirche zu feiern.

Die Sonne macht einen Freudensprung

Das alte Osternachterlebnis, das Warten während der nächtlichen Dunkelheit (als Symbol des Todes) auf die aufgehende Sonne (als Symbol des Lebens und der Auferstehung) ist im Prinzip im Volksglauben bis heute erhalten. Besonders das vielseitige Brauchtum rund um das nächtliche Osterfeuer erzählt noch von den alten Zeiten. Denn der Volksmund sagte früher, daß die Sonne am „ôstarûn", am Ostersonntagmorgen, in allen vier Himmelsrichtungen gleichzeitig aufgehe. Und heute noch wird gerne gesagt, daß die Sonne am Morgen des Ostersonntags zumindest einen Freudensprung mache. Im Osterfest verbinden sich also alte orientalische Glaubenselemente des Mondkalenders mit ebenfalls alten abendländischen Mythen des Sonnenlaufs. Das Osterfest ist daher beides gleichzeitig, ein christliches Glaubensfest und ein uraltes Naturfest, das Fest des Frühlingsbeginns.

Das österliche Brauchtum und die Symbolik haben daher viele gemeinsame Wurzeln, aus denen zahlreiche Festelemente entstanden sind. Zum Beispiel geht die Sitte des Osterratschens auf die indogermanische Vorstellungswelt zurück, wo es gilt, am Ende des Winters die bösen Dämonen, Hexen und Geister zu vertreiben – wie immer mit Krawall. Zu Ostern ist es nicht das Aperschnalzen oder das lautstarke Treiben der Perchtenläufe der Faschingszeit, sondern die Vertretung der Kirchenglocken zwischen dem Gründonnerstag und der Auferstehung durch die herumziehenden Ratschenbuben. Die Glocken seien nach Rom geflogen, sagt man, doch dahinter steckt der alte Lärmzauber gegen den Winter. Daß dieser Brauch des Ratschengehens auch wieder mit Essen verbunden ist, weiß jeder heutige und ehemalige Ratschenbub, denn frühen gingen die Ratschenbuben am Karsamstagnachmittag noch einmal herum, um von Tür zu Tür Fleisch, Eier oder kleine Kuchen zu erbitten. Manchmal gab es auch das eine oder andere Geldstück. Heute wird den Buben – oft sind es auch Mädchen – meist nur mehr Geld gespendet. Jedenfalls ist das wieder einer der vielen interessanten Heischebräuche, der seinen sozialen Sinn darin hatte, die ärmeren Kinder zum Fest ausreichend mit Nahrungsmitteln zu versorgen. Dieser eher dörflichen Sitte standen in den großen Städten andere soziale Brauchtümer gegenüber. In Wien war es zum Beispiel üblich, daß am Gründonnerstag nach der abendlichen Fußwaschung in den Kirchen Brot- und Weinspenden an die Armen der Stadt gegeben wurden.

Hase und Ei, Lamm und Brot

Aber wie kamen in unser heutiges Osterbrauchtum die im ersten Moment ganz unchristlichen Elemente des Ostereies, des Osterhasen, des Osterschinkens oder des Spinatessens am Gründonnerstag? Denn nur das Osterlamm kann in seiner Tradition auf den christlichen Anlaß des Osterfestes zurückgeführt werden. Da zum jüdischen Passahfest Lämmer geopfert wurden, wurde der Erlöser Jesus am Kreuz ebenfalls als geopfertes Lamm bezeichnet, als Agnus Dei, als Erlöser, der die Sünden der Welt hinwegnimmt. Die Tradition, zu Ostern Lammfleisch zu essen, ist deshalb sinnhaft, weil die Schlachtopfer des Tempels ja ebenfalls verzehrt wurden, denn nur einige der fetten Fleischteile wurden als Brandopfer dargebracht. Beim letzten Abendmahl, dem jüdischen Seder-Mahl, hat Jesus mit seinen Jüngern ganz bestimmt auch ein gut zubereitetes Lamm gegessen.

Auch im europäischen, vor allem im alpinen Brauchtum ist die Osterspeise Lammfleisch bis heute weit verbreitet. Ersetzt wurde sie allerdings in Gegenden, die wegen zu karger Weiden keine Schafzucht zuließen, durch Ziegenkitze. Die-

Das Abendmahl

ses ursprüngliche Ersatzessen für arme Viehzüchter hat daher als Osterkitz heute auch noch einen Platz an der feinen Festtafel. Das Schweinefleisch, vor allem der genannte Osterschinken, ist als österliche Festspeise nun ein rein abendländisches Artefakt einer ursprünglich keltisch-germanischen schweinefleischessenden Gesellschaft. Schweine wurden im bäuerlichen Haushalt vor dem Weihnachtsfest geschlachtet, in den Städten auch während der Karnevalszeit. Mit dem Ende des Faschings, dem Aschermittwoch, beginnt aber die Fastenzeit. Die besten Stücke aus den Winterschlachtungen wurden durch Pökeln und Räuchern haltbar gemacht und konnten daher erst zum Osterfest einerseits richtig gereift sein, andererseits wieder serviert werden. Denn mit dem Karsamstagabend, nach strengerem Brauchtum erst mit dem Ostersonntagmorgen, endet die Fastenzeit. So kam der Schinken auf die Ostertafel.

Das Ei wiederum ist in allen alten Religionen als Symbol des Lebens vertreten. Schon daher meinen viele Wissenschaftler, daß das Ei zwangsläufig in die österliche Natursymbolik aufgenommen wurde. Das Osterei hat aber wahrscheinlich eher einen ökonomischen Ursprung. Eier waren die Zinsgaben an die Obrigkeit, die die ärmeren Leute zu leisten hatten. Kleinbauern hatten ihren Burgherren die Zinseier abzuliefern, und Klosterbrüder holten von ihren Pächtern um die Osterzeit ebenfalls die Abgaben in Form von Eiern ein. Schließlich begannen die Hennen ja mit dem Frühjahr wieder so richtig zu legen. Daß dann auf Burgen und in Klosterküchen zu Ostern Eierspeisen dominierten, ist kein Wunder. Die Sitte, Eier zu färben, stammt höchstwahrscheinlich aus Ägypten. Und nach Europa kam sie durch die Kreuzritter, denen dies offensichtlich gefallen hat. Gefärbt wurden traditionell nur die haltbar gemachten, die gekochten Eier, um sie zu kennzeichnen. Und die Eierfarbe war im Mittelalter ausschließlich rot. Die Ostereier in vielen bunten Farben für Kinder zu verstecken, das ist eine Sitte, die sich erst im späten 19. Jahrhundert ausgebreitet hat. Doch schon im Spätmittelalter war es üblich, Eier als Patengaben oder als Geschenk für Freunde zu färben und zu verzieren. Muster und christliche Motive wurden in die gefärbten Eierschalen eingeritzt. Der Adel und später das reiche Bürgertum konnte es sich dann leisten, geschmückte Eier aus Gold und Silber, Halbedelsteinen und Wachs herstellen zu lassen. Einige Ostereier aus dem Schatz der russischen Zaren sind immer noch Kostbarkeiten und Prunkstücke von ungeheurem Wert.

Die christliche Kirche übernahm die Tradition der Osterspeisen schon früh. Seit dem 7. Jahrhundert ist die österliche Segnung des Fleisches bestätigt, Brot und Eier werden ab dem 12. Jahrhundert als Osterspeisen gesegnet.

Fehlt nur noch der gute Osterhase, der doch unleugbar germanischen Ursprungs sein muß. Selbstverständlich gilt der Hase aufgrund seiner ungeheuren Fruchtbarkeit als besonderes Symbol des vermehrungsfreudigen Frühlings. Doch ins Osterfest kam er über andere, im Ursprung tatsächlich christliche Gedanken. Im 6. Jahrhundert entstand in einem griechischen Kloster ein Lehrbuch mit dem Titel *Physiologus* über die alte byzantinische Tiersymbolik. Darin wird der Hase als Tier beschrieben, das nie schläft. Weil er keine Augenlider hat, dreht er im Schlaf nur die Pupille nach oben. Und so kam es zu dieser Vorstellung des schlaflosen Tieres. Da Kirchenlehrer der damaligen Zeit nun auch die Meinung vertraten, daß Christus nach seinem Tod am Kreuz in Wirklichkeit „nicht entschlafen" sei, kam es zu einer naiven symbolischen Verbindung zwischen Jesus und dem Hasen. Besser gesagt, der Hase wurde – sowie ein paar hundert Jahre vorher der Fisch – zu einem Christussymbol.

Im Mittelalter war es auch zu Ostern üblich, Abgaben und Zinse in Form von Gebildbroten zu leisten. Die Brezel als alte Brotform mit der Symbolik der betenden Hände ist uns ja bis heute als Bäckerwahrzeichen erhalten. Eine der am weitesten verbreiteten Brotformen hatte, aus oben beschriebenen Gründen, Hasengestalt – um die biblischen Worte aus dem Johannesevangelium, daß Jesus das Brot des Lebens sei, symbolisch darzustellen. Das waren die sogenannten Hasenbrote, die es heute noch aus feinem Kuchenteig zu Geschenkzwecken gibt. Andere Brote hatten zwar keine Hasenform, aber das Bild eines Hasen wurde ihnen in die Brotrinde eingeritzt. Und als Symbolzeichen für die Eierabgabe wurde ein Ei in das Brot sichtbar eingebacken. Damit aber war der Weg des kindlichen Volksglaubens gelegt, daß der Osterhase die Ostereier bringe. Und die symbolische Verwandtschaft der heutigen Schokoladehasenflut mit den feinen Hefegebäcken, in die bunte Ostereier dekorativ eingebacken sind, geht also weiter, als man von den angeblich germanischen Fruchtbarkeitssymbolen glauben könnte.

Unchristlicher Spinat

Die einzige genuin unchristliche Osterspeise ist aber tatsächlich der Gründonnerstagsspinat. Und doch ist er bei näherer Betrachtung des Brauchtums unverzichtbar. Denn der Gründonnerstag hat in der Karwoche – das althochdeutsche Wort „kar“ bedeutet „Kummer“ und „Klage“ – einen ganz besonderen Platz. Da am Gründonnerstag die eigentliche Passion Christi beginnt, wurde er also als Tag des Weinens in Erinnerung an das Gebet Jesu im Garten Gethsemane benannt. Grün kommt beim Gründonnerstag also von „greinen“, dem alten Wort für weinen. Aus diesem Gesichtspunkt hat der Spinat an diesem Tag nichts verloren. Aber das Verzehren von grünen Blättern in Form von Salaten, Kräutersuppen und vor allem grünem Kochgemüse, das gehört zu den frühlingshaften „Grünwasenbräuchen“. Diese beruhen auf der Vorstellung, daß der Verzehr von Grünzeug – natürlich diesjähriger frischer Ware – die Erhaltung der Frische des Lebens über das ganze Jahr garantiert. Es ist also nicht wirklich wichtig, daß Spinat gegessen wird, aber frisches Grünzeug muß es nach alter germanischer Sitte sein. Wobei die Altvordern bestimmt nichts von Vitaminen wußten, aber doch einen gesunden Instinkt dafür hatten, daß nach einer langen Winterzeit so eine Kost nur gesund sein kann.

Vorsicht ist jedoch bei den zum Spinat üblicherweise gereichten Spiegeleiern geboten. Denn diese sollten nicht am selben Tag gelegt worden sein. Dann wären es nämlich sogenannte „Antlaßeier“, die für wichtigere Zeremonien und Gebräuche zu bewahren sind. Das Wort „Antlaß“ stammt noch aus dem Mittelhochdeutschen und bedeutet ursprünglich „entlassen“. Entlassen wurden am Gründonnerstag sogenannte Schuldner und Sünder mit einem Segen aus ihren Verfehlungen. Daher haben auch die an diesem Gründonnerstag – in manchen Regionen gilt dies auch für den Karfreitag – gelegten Hühnereier besonders abwehrende, schützende und magische Wirkung. Manches von dem alten Brauchtum ist noch in den ländlichen Gebieten erhalten. So werden Antlaßeier zum Beispiel im Dachboden aufgehängt, um das Haus vor Brandschaden zu bewahren. Sie werden auch unters Tierfutter gemengt, um die Nutz- und Haustiere zu schützen. Weit verbreitet ist auch der Brauch, ein Antlaßei am Ostermontag über das Hausdach zu werfen. Wo das Ei auf der anderen Seite des Hauses zu Boden fällt, dort wird es vergraben. Das schützt das Haus und seine Bewohner für ein Jahr vor aller möglicher Unbill.

Vor allem aber werden die Antlaßeier gekocht und zur österlichen Speisenweihe in die Kirche mitgenommen. Je nach Region erfolgt die Speisenweihe schon am Karsamstag, sogar am Karsamstagmorgen oder am Ostersonntag vor oder nach dem Hochamt. In Körben bringen die Frauen Fleisch – meist Osterschinken –, Brot, Eier, etwas Salz und ein Butterlamm zur Kirche mit. Die Herstellung eines aus Butter modellierten Lämmchens ist übrigens eine Volkskunst, die mangels Handfertigkeit langsam ausstirbt. Als Ersatz wird daher heute von vielen Frauen ein in einer speziellen Form aus Biskuitteig gebackenes Lamm zur Speisenweihe gebracht.

Die geweihten Speisen werden nach der Messe nach Hause getragen und sind die Zutaten zu einem kräftigen Frühstück am Morgen des Ostersonntags. Denn mit diesem Essen ist die große Fastenzeit wirklich vorbei. Im Englischen hat sich das Wort „breakfast" – das heißt „Fastenbrechen", das Beendigen der Fastenzeit – als allgemeines Wort für Frühstück ja erhalten. Ein wenig vom geweihten Brot, Schinken, Salz und von den Antlaßeiern sollte aber für den Ostermontagmorgen

Weihe der Osterspeisen in Galizien

noch aufbewahrt werden. Wenn diese geweihten Speisen dann auf nüchternen Magen – es genügen kleine Portionen! – eingenommen werden, gelten sie volkstümlich als Schutzmedizin für das kommende Jahr.

Österliche Festtafel

Die Tradition der geweihten Nahrungsmittel geht sicherlich auf vorchristliche Bräuche und Vorstellungen zurück. Im Ursprung waren es Opfergaben für die Geister der belebten Natur, denen Wohlwollen abzuverlangen ist. Im Kärntner Gurktal mag es da oder dort noch heute Sitte sein, daß Frauen am Morgen des Karsamstags Nudeln und Schmalz vor die Hoftür stellen und dazu den Spruch aufsagen: „Wind, Wind, geh zu deinem Weib und Kind!“ Es gilt, die Naturelemente zu besänftigen, nicht den guten Wind zu vertreiben, sondern den bösen Sturm, das Unwetter.

Kaum ein Kirchen- und Jahresfest ist in seinen Brauchtumselementen, den Speisen und den Weihegaben, den Geschenken und den sogenannten Heischebräuchen so tief mit dem Essen verbunden wie das Osterfest. Daher ist es gerade in der Zeit des allgemeinen Osterurlaubens für alle, die nicht zur angeblichen Erholung zwischen Hochgebirgsgletschern und tropischen Stränden eine stressige Freizeit konsumieren, ein besonders schöner und wichtiger Anlaß, für liebe Menschen, in Familie und Freundeskreis einen österlichen Festtisch zu decken. Mit allen Symbolen und mit allem Schmuck einer blühenden Natur und des unbesiegbaren Lebens.

Festliche Speisen zu Ostern

Gefüllte Eier

6 hartgekochte Eier, 125 g Quark (Topfen), 1 Teelöffel Öl, 1 Knoblauchzehe (gepreßt), 1 Eßlöffel fein gehackte Kräuter (Kresse, Petersilie), Pfeffer, Salz, einige Blätter grüner Salat, Oliven

Die geschälten Eier der Länge nach halbieren, das Eigelb herausnehmen, mit Quark, Öl, Kräutern und Gewürzen gut durchrühren. Wenn die Masse glatt ist, werden die Eihälften damit gefüllt und kalt gestellt. Auf kleinen Tellern mit Salatblatt und Oliven servieren.

Russische Eier

6 hartgekochte Eier, 1 kleines Glas Kaviar, 2 Eßlöffel Mayonnaise, 4 Eßlöffel saure Sahne (Sauerrahm), Pfeffer, Salz, einige Blätter grüner Salat

Mayonnaise, Sahne und Gewürze verrühren. Salatblätter waschen, gut abtrocknen und einzeln auf Teller legen. Darauf werden nun je 1 bis 2 Eßlöffel der Mayonnaisemischung verteilt. Die geschälten Eier halbieren, die Schnittflächen gut mit Kaviar bedecken und ebenfalls auf das Salatblatt setzen.

Löwenzahnsalat

Er ist seit alters der erste Frühlingssalat. Die Blätter des Löwenzahns schmecken am besten vor der Blüte. Löwenzahn gibt es auch im Gemüseladen.

1 Schüssel (etwa 300 g) Löwenzahnblätter, 2 Eßlöffel Kapern, Salz, Pfeffer, etwa 5 Eßlöffel Kürbiskernöl oder Olivenöl, 1 Eßlöffel Essig, je nach Geschmack 100 g durchzogenen Speck oder 1 Glas Sardellenfilets, 1 hartgekochtes Ei

Speck in Streifen schneiden und kurz in wenig Öl anbraten.

Essig, Öl und Gewürze gut verquirlen. Löwenzahnblätter waschen, größere Blätter in Streifen schneiden, kleine Blätter können ganz bleiben. Die Marinade über den Salat gießen, Kapern beifügen, gut durchmischen. Den Salat mit Speckstreifen oder mit Sardellenfilets belegen oder mit einem Ei garnieren. (Löwenzahnblätter können auch unter andere Salate gemischt werden, z. B. passen sie gut zu Tomaten oder Gurken.)

Spargel in Blätterteig

1 Packung Tiefkühlblätterteig, 1 Ei, entweder 4 Stangen Solospargel oder 12 dünne Spargelstangen, 8 Scheiben Schinken, 2 Eßlöffel fein gehackte Kräuter

Vom Spargel die unteren Enden abschneiden, die Stangen schälen und nur leicht überkochen, nicht ganz durchgaren, aus dem Wasser nehmen und gut abtropfen lassen. Blätterteig auftauen lassen und ausrollen. Das Ei in einer Tasse gut verquirlen. Vom Teig einen etwa 5 Zentimeter breiten Streifen abschneiden, beiseite legen. Den restlichen Teig in vier längliche Rechtecke teilen. Jeweils 1 (oder 3 dünne) Spargelstange(n) auf 2 Blatt Schinken legen, mit Kräutern bestreuen und dann mit dem Schinken umwickeln. Schinkenrollen in die Mitte der Teigflecken legen. Die Ränder der Teigflecken mit dem verquirlten Ei bestreichen, dann den Teig zu einer Tasche schließen: Erst die kurzen Seiten einklappen, dann die langen Seiten, den Teig mit den Fingern gut andrücken. Aus dem beiseite gelegten Teigrest schmale Streifen formen, die wellenähnlich als Dekoration auf die Teigtaschen gedrückt werden. Mit dem restlichen Ei die Teigtaschen bestreichen und im vorgeheizten Backofen bei mittlerer Hitze etwa 20 Minuten backen.

Sieben-Kräuter-Suppe

300 g Kartoffeln, 1 kleine Zwiebel, etwas Butter oder Öl, Salz, Pfeffer, etwas Suppenwürze, ca. 750 ml Wasser oder auch Gemüsebrühe, 125 ml Crème fraîche,

2 Scheiben Schwarzbrot, etwa 1 Schüssel frische Frühlingskräuter: Bärlauch, Brennesselblätter, Brunnenkresse, Huflattich, Löwenzahn, Petersilie, Sauerampfer Ersatzweise: etwa 100 g Tiefkühlkräuter

Schwarzbrotscheiben mit Öl beträufeln, in einer trockenen Pfanne anrösten und danach in Würfel schneiden.

Kräuter waschen. Eine Handvoll Kräuter – ausgenommen Brennesselblätter – zum Bestreuen der fertigen Suppe aufheben. Kartoffeln schälen und würfeln, Zwiebel schälen und kleinschneiden. In einem Topf Butter oder Öl erhitzen, Zwiebel glasig dünsten, dann Kartoffeln und Kräuter dazugeben, kurz anrösten. Mit Wasser oder Gemüsebrühe aufgießen, würzen und etwa 15 Minuten sanft kochen lassen (im Druckkochtopf genügen 3 Minuten). Die Suppe im Standmixer oder mit dem Pürierstab pürieren und durch ein Sieb laufen lassen. Crème fraîche mit etwas Suppe glattrühren, diese Mischung in die Suppe rühren und abschmecken. Vor dem Servieren die restlichen Kräuter fein hacken und über die Suppe streuen, geröstete Schwarzbrotwürfel dazu reichen.

Klare Suppe mit Brennesselnockerln (Spätzle)

750 ml Fleischbrühe (Rindsuppe), 400 g gekochte Kartoffeln, 1 Ei, Salz, etwas Muskat (gemahlen), 100 g Mehl, 1 Eßlöffel Grieß, 2 Handvoll Brennesselblätter (ersatzweiße Spinat oder auch 50 g Tiefkühlkräuter)

Brennesseln waschen, in kochendem, gesalzenem Wasser 1 Minute überbrühen, dann abgießen, gut ausdrücken und fein hacken, am besten mit dem Wiegemesser. Kartoffeln schälen und durch die Kartoffelpresse drücken. Brennesseln, Ei, Mehl, Grieß und Gewürze mit den zerdrückten Kartoffeln zu einem glatten Teig verkneten. In siedendes Salzwasser kleine Nockerln abstechen und etwa 4 Minuten auf kleiner Flamme ziehen lassen. Die Nockerln abseihen und in die fertige Suppe einlegen.

Diese Nockerln eignen sich auch für eine Gemüsesuppe oder als Beilage zu anderen Speisen.

Lammfilet in Kräuterkruste

Ca. 700 g Lammfilet, in Portionen geschnitten, 1 kleine Schüssel frische Kräuter, z. B. Petersilie, Dill, Basilikum, Estragon, Rosmarin, Thymian (oder etwa 60 g tiefgekühlte Kräutermischung), 1 Ei, 4 Eßlöffel Semmelbrösel, Salz, Pfeffer, Zitronensaft, etwas Butter

Lammfilets salzen, pfeffern und mit Zitronensaft beträufeln. Frische Kräuter fein hacken, Brösel, Ei und Kräuter gut vermengen. Backofen bei starker Hitze vorheizen. Eine ofenfeste Form mit Backpapier auslegen, die Hälfte der Kräutermischung auf dem Boden der Form verteilen. Lammfilets darauf legen und mit der restlichen Kräutermischung bedecken. Einige Butterflocken darauf setzen und im Backofen ca. 20 Minuten backen.

Das Lammfleisch schmeckt noch besser, wenn es einen Tag (oder eine Nacht) lang mit Gewürzen und/oder frischen Kräutern in Öl mariniert wird.

Dazu paßt Gemüse – z. B. Spargel oder grüne Bohnen (Fisolen), einfach in Butter geschwenkt –, aber auch Salat. Und Kartoffeln, z. B. Bratkartoffeln, Kartoffelpüree oder Herzogin-Kartoffeln (siehe Seite 131).

Gebackenes Kitz

800 g Kitzfleisch vom Fleischer in Portionen teilen lassen. Sie müssen damit rechnen, daß die Fleischstücke auch Knochen enthalten – ähnlich wie ein Huhn; Salz, Mehl, 2 Eier, etwas Öl und Milch, Semmelbrösel, Fett zum Ausbacken

Die Fleischstücke waschen und gut abtrocknen. Zum Panieren Mehl in eine Schüssel sieben, in einer zweiten Schüssel Eier aufschlagen und mit 1 Kaffeelöffel Öl und 1 Eßlöffel Milch gut durchrühren, Brösel in eine dritte Schüssel streuen.

Fleisch leicht salzen, gut bemehlen, durch die Eimischung ziehen und zuletzt in den Bröseln wenden, ohne die Brösel anzudrücken. Backofen bei mittlerer Hitze vorheizen. In einer breiten Pfanne zwei Finger hoch Fett erhitzen und die panierten Fleischstücke im heißen Fett auf beiden Seiten ausbacken. Beim Kitz ist es am besten, die fertigen goldbraun gebackenen Stücke etwa 15 Minuten im Rohr nachziehen zu lassen, damit das Fleisch auch sicher durchgebacken ist. (Das Fleisch dazu in eine ofenfeste Form oder auf ein Backblech legen, nicht auf Alufolie und die Stücke auch nicht übereinanderlegen.)

Dazu passen am besten Kartoffelsalat oder grüner Salat und gekochte, geschälte Kartoffeln, die Sie gemeinsam mit dem Fleisch im Fett knusprig braten können.

LACHSFORELLE MIT GEMÜSE-MANDELKRUSTE

1 Lachsforelle (ca. 1 kg), küchenfertig (der Fischhändler schneidet Kopf, Rücken und Bauchflossen ab. Lassen Sie auch von einer Seite des Fisches die Haut abziehen, denn dorthin kommt die Kruste!), Salz, Pfeffer, Saft einer halben Zitrone, Butter zum Ausfetten, 400 g Karotten, 1 Schalotte, 20 g Butter, 1 Ei, 1 Eßlöffel Semmelbrösel, 2 Eßlöffel gehackte Mandeln, 3 Handvoll frische Kräuter (z. B. Estragon, Zitronenmelisse, Dill, Petersilie) oder etwa 60 g Tiefkühlkräuter

Forelle innen und außen waschen, gut abtrocknen, innen und außen mit Salz und Pfeffer würzen, innen mit Zitronensaft beträufeln. Eine ofenfeste Form, die der Größe des Fisches entspricht, mit Butter einfetten.

Die Karotten schälen und grob raffeln. Schalotte schälen, fein schneiden und in etwas Butter anschwitzen lassen. Karotten dazugeben, die Masse einige Minuten dünsten und dann überkühlen lassen. Kräuter fein hacken und mit Ei, Bröseln, Mandeln, Salz und Pfeffer in die Gemüsemischung rühren.

Backofen bei mittlerer Hitze vorheizen. Den Fisch mit der Hautseite nach unten in die gefettete Form legen, die obere, enthäutete Seite des Fisches mit der Gemüsemischung bestreichen und diese gut andrücken. Der Fisch kommt für 20 Minuten in den Backofen, sollte danach im abgedrehten Ofen noch etwa 10 Minuten ziehen. Dazu passen sehr gut Rosmarinkartoffeln (siehe Seite 131) oder überbackenes Brot (siehe Seite 132).

Osterschinken

Dünnblättrig geschnittener gekochter Osterschinken wird mit frisch geriebenem Meerrettich (Kren) und Weißbrot serviert.
Oft wird am Abend des Karsamstags oder am Ostersonntagmittag zum Osterschinken-Essen geladen. Das Tafelstück ist dann ein Schinken oder Schinkenstück, mit Brotteig umhüllt und gebacken. Diese Spezialität bieten sowohl Fleischer wie auch Bäcker an. Sie müssen also nur noch köstliche Beilagen bereiten: Soßen, Salate oder Gemüse. Die folgenden Beilagen können Sie teils am Vortag, teils einige Stunden, bevor die Gäste kommen, vorbereiten:

Bärlauch-Pesto

Das italienische Pesto, eine Art Kräuterpaste, wird aus Basilikum bereitet. Für den Frühlingstisch wird das Pesto aber auch aus Bärlauchblättern hergestellt. Bärlauch schmeckt intensiv nach Knoblauch, der Geschmack wird gemildert, wenn man etwas Petersilie dazugibt. Das Pesto sollte am Vortag zubereitet werden.

2 Handvoll Bärlauchblätter (etwa 60 g), 2 bis 3 Bund Petersilie, 60 g geschälte Sonnenblumenkerne, 1 Teelöffel Salz, 1 gekochte und geschälte Kartoffel, 2 Eßlöffel geriebener Parmesan, ca. 1/8 l Olivenöl
Kräuter waschen, trockentupfen, grobe Stiele wegschneiden. Alle Zutaten im Mixer, auf langsamer Stufe beginnend, zerkleinern, nach und nach das Öl zugießen. Dann die Mixgeschwindigkeit langsam erhöhen. Das Pesto muß zu einer cremigen Konsistenz gemixt werden. Wenn es fertig ist, in das Serviergefäß füllen, mit Deckel oder Alufolie verschließen und kühl stellen.

Schnittlauchsosse

1 altbackene Semmel, 1 hartgekochtes Ei, 1/8 l Crème fraîche, Salz, Pfeffer, 1 Teelöffel Senf, ca. 100 ml Öl, 3 Bund Schnittlauch
Semmel in Wasser einweichen, gut ausdrücken. Mit dem geschälten und grob gehackten Ei und den Gewürzen vermischen. Nach und nach Öl zugießen und gut durchmixen, bis die Masse zu einer dicken, mayonnaiseähnlichen, glatten

Soße wird. Am Schluß Crème fraîche zufügen, nochmals durchmixen und abschmecken.
Schnittlauch fein schneiden. Die Soße in ein Gefäß gießen, Schnittlauch unterheben und für mindestens eine Stunde in den Kühlschrank stellen, sie wird dann noch etwas fester. Die Soße sollte am Vortag zubereitet werden.

Kartoffelgratin

800 g Kartoffeln, 250 ml Schlagsahne (Schlagobers), 1/8 l Milch, Salz, Pfeffer, Muskat (gemahlen), etwas Butter
Kartoffeln waschen, schälen und in ca. 3 Millimeter dicke Scheiben schneiden. Eine Gratinierform mit Butter einfetten, Kartoffelscheiben dachziegelartig einschichten, würzen. Wenn Sie Kartoffeln in mehreren Lagen übereinanderschichten, würzen Sie jede Lage. Sahne und Milch gut verrühren und über die Kartoffeln gießen. Kleine Butterflöckchen obenauf setzen und im vorgeheizten Ofen bei mittlerer Hitze etwa 45 Minuten goldbraun backen.

Herzogin-Kartoffeln

800 g Kartoffeln, Salz, Muskatnuß (gerieben), 200 g Butter, 5 Eigelb
Kartoffeln waschen, schälen und in Salzwasser kochen. Die gekochten Kartoffeln durch die Kartoffelpresse drücken, Butter, Muskat und Salz beifügen und 4 Eigelb unterrühren. Die flaumig gerührte Masse in einen Spritzbeutel füllen und mit großer Sterntülle auf ein gefettetes Backblech kleine Sterne dressieren. Mit einem verquirlten Eigelb bestreichen und im vorgeheizten Backofen bei mittlerer Hitze etwa 10 Minuten goldbraun backen.

Rosmarinkartoffeln

600 g gekochte Kartoffeln, 1 Handvoll frische Rosmarinnadeln, Salz, Butter
Kartoffeln schälen und vierteln, in Butter schwenken und erhitzen, salzen. Die Rosmarinnadeln nur einmal durchschneiden, keinesfalls klein hacken, über die Kartoffeln streuen und etwa 2 Minuten mitrösten.

Überbackenes Brot

4 Scheiben Schwarzbrot (oder 2 Baguettes), Olivenöl zum Beträufeln, 750 g Blattspinat (oder 1 Packung Tiefkühl-Blattspinat), 1 Zwiebel, 4 Knoblauchzehen, Öl, 300 g Schafkäse oder 4 kleine Ziegenkäsekugeln, 4 Tomaten, Pfeffer, Salz, Muskatnuß (gerieben), 2 Eßlöffel Pinien- oder Sonnenblumenkerne, Oliven

Blattspinat waschen, putzen und die Blätter 2- bis 3mal durchschneiden (Tiefkühlspinat auftauen). Zwiebel in Ringe schneiden, in Öl glasig werden lassen, Spinat, Salz, Pfeffer, Muskat und zerdrückte Knoblauchzehen dazugeben und kurz andünsten. Die Pinien- oder Sonnenblumenkerne in einer Pfanne ohne Zugabe von Fett kurz und keinesfalls zu dunkel anrösten. Tomaten in Scheiben schneiden (Schafkäse in Würfeln), Ziegenkäsekugeln halbieren. Backofen vorheizen. Wenn Sie Baguettes verwenden, werden diese der Länge nach aufgeschnitten, mit etwas Öl beträufelt und im Backofen 5 Minuten aufgebacken. Schwarzbrotscheiben mit Olivenöl beträufeln. Brote erst mit der Spinat-Zwiebel-Mischung, dann mit Tomatenscheiben und danach mit Käse belegen. Geröstete Pinien-(Sonnenblumen-)Kerne darüber streuen und im Backofen bei starker Oberhitze 5 Minuten überbacken. Mit Oliven garniert servieren. In kleine Häppchen geschnitten, eignet sich dieses Brot auch als Vorspeise.

Ostergebäck

Es gibt eine Fülle von Ostergebäcken. Jede Region hat ihre eigene Spezialität: Salzburger Fladen, Passauer Osterbrot, Bamberger Ostermandl, Münchner Striezel ... Viele der Ostergebäcke, die sowohl zum Frühstück als auch zur Jause serviert werden, sind aus Hefeteig. Gerne werden diese Osterzöpfe, Striezel oder Brote auch mit bunten Eiern garniert.

Osterkranz

500 g Mehl, 25 g Hefe, 200 ml Milch, 120 g Zucker, Vanillezucker, 1 Prise Salz, 3 Eidotter, 80 g weiche oder zerlassene Butter, 120 g Rosinen, 2 Eßlöffel Rum, 50 g gehobelte Mandeln, Butter zum Bestreichen und 4 ausgeblasene, ganze Eierschalen

Rosinen in Rum einweichen, die Milch leicht erwärmen. Mehl in eine Rührschüssel sieben, in der Mitte eine Vertiefung eindrücken. Hefe in etwas lauwarmer Milch auflösen und in diese Vertiefung gießen, mit etwas Mehl zu einem kleinen Vorteig anrühren, zudecken und etwa 20 Minuten aufgehen lassen. Danach Eidotter, Salz, Zucker, Rosinen, Milch und Butter nach und nach unterrühren. Nun den Teig gut abschlagen – mit der Hand oder den Knethaken des elektrischen Mixers. Danach die Rührschüssel mit einem Tuch gut zudecken und den Teig eine halbe Stunde an einem warmen, zugluftfreien Ort aufgehen lassen. Backblech einfetten. Eine Arbeitsfläche bemehlen und aus dem Teig drei Rollen formen. Wenn Sie mit dem Flechten dreier Rollen Schwierigkeiten haben, können Sie es auch mit zwei Rollen versuchen. Den geflochtenen Zopf auf das Backblech legen und zu einem Kranz schließen. Nun die ausgeblasenen Eier gleichmäßig in die Kuchenmasse eindrücken. Den Kranz noch einmal mit einem Tuch bedecken und eine halbe Stunde aufgehen lassen. Backofen vorheizen. 2 Eßlöffel Butter schmelzen lassen und den Kranz, wenn er schön aufgegangen ist, damit bestreichen, Mandelsplitter darüber streuen. Bei mittlerer Hitze 30 bis 35 Minuten backen. Nach dem Backen werden die ausgeblasenen Eier durch hartgekochte, gefärbte Ostereier ersetzt.

Damit der Kranz schön gleichmäßig wird, kann man ihn auch in eine gefettete Springform legen, dann behält er die Form, ist aber an der Außenseite glatt.

Aus demselben Teig können auch kleine Osterzöpfe (Striezel) gebacken werden.

Gedanken

zum Gastgeber

Die ganze Gemeinde, alle, die aus der Gefangenschaft heimgekehrt waren, bauten Laubhütten und wohnten darin. So hatten die Israeliten es nicht mehr gehalten seit den Tagen Josuas, des Sohnes Nuns, bis zu diesem Tag, und die Freude war überaus groß. Jeden Tag las Esra aus dem Buch des Gesetzes Gottes vor, vom ersten Tag bis zum letzten. So feierte man das Fest sieben Tage lang; am achten war, wie vorgeschrieben, die Festversammlung.

Nehemia 8, 17–18

Wenn du das Gastmahl leitest, überheb dich nicht, sei unter den Gästen wie einer von ihnen! Sorg erst für sie, dann setz dich selbst, trag erst auf, was sie brauchen, dann laß dich nieder, damit du dich über sie freuen kannst und für dein gutes Benehmen Beifall findest.
Ergreife das Wort, alter Mann, denn dir steht es an. Doch schränke die Belehrung ein, und halte den Gesang nicht auf! Wo man singt, schenk nicht kluge Reden aus! Was willst du zur Unzeit den Weisen spielen? Ein Rubin an goldenem Geschmeide, das ist ein schönes Lied beim Weingelage. Ein Smaragdsiegel in goldener Fassung, das ist ein Gesang bei köstlichem Wein. Als Jüngerer ergreife das Wort nur, wenn du mußt, wenn man dich nachdrücklich zwei- oder dreimal auffordert. Dräng die Worte zusammen, fasse dich kurz, sei wie einer, der etwas weiß, aber auch schweigen kann. Im Kreis der Vornehmen überheb dich nicht, behellige Ältere nicht durch viele Fragen! Vor dem Hagel leuchtet der Blitz, vor dem Bescheidenen leuchtet die Gunst.

Wenn es Zeit ist, bleib nicht länger, geh nach Haus, und sei nicht ausgelassen; dort sei lustig, und überlaß dich deiner Stimmung, in Gottesfurcht, nicht in Unverstand. Und für all das preise deinen Schöpfer, der dich mit seinen Gaben erfreut hat.

Sirach 32, 1–13

Die Erfahrung lehrt, wenn Feste gelingen sollen, so muß der Veranstalter gewisse Regeln befolgen. Die Texte aus dem chronistischen Buch Nehemia und aus dem Weisheitsbuch des Jesus Sirach sind Musterbeispiele dafür, daß kluge Menschen zu allen Zeiten über diese Regeln nachgedacht haben, und wir sollten es heutzutage ebenfalls tun. Ein weises Wort besagt: „Ein gut vorbereitetes Fest ist schon zur Hälfte ein gelungenes Fest." Und so manches Fest endet in einem großen Desaster, weil so einfache Regeln, wie sie Jesus Sirach gibt, nicht befolgt werden.
In diesem Zusammenhang gefällt mir eine Geschichte besonders gut, die aus dem Vorderen Orient kommt. Ein großer Ratgeber verläßt seine Heimat und wird vom Wirt des Dorfgasthofes noch befragt, welche Ratschläge er ihm für das rechte Essen und Trinken geben könne. Und so lautet seine Antwort: Es wäre gut, wenn wir uns vom Duft der Erde und vom Licht des Tages ernähren könnten, gleich einer Pflanze, die von der Luft lebt. Nun sind wir aber gezwungen, um essen zu können, Tiere zu töten oder einem kleinen Kalb oder einem Zicklein die Muttermilch zu rauben, damit wir unseren Durst stillen können. Daher wäre es gut, wenn wir aus dem Zwang zum Töten und Rauben einen Akt der Verehrung machen könnten. Es wäre dann unser Tisch gleich einem Altar, auf dem das Reine und Unschuldige aus Wald und Flur geopfert werde für das, was im Menschen noch reiner und unschuldiger ist. Und wenn wir ein Tier töten, sollten wir zu ihm sagen: „Durch dieselbe Macht, die dich erschlägt, werde auch ich umkommen; und auch ich werde verzehrt. Denn das Gesetz des Lebens, das dich mir ausliefert, liefert mich ebenfalls einer mächtigeren Hand aus. Dein Blut und mein Blut ist weiter nichts als der Saft, der den Baum des Himmels nährt." Und wenn wir in einen Apfel beißen, sollten wir zu ihm sagen: „Dein Same wird in meinem Körper leben. Und deine Knospen werden in meinem Herzen aufblühen. Und dein Duft wird mein Atem sein. Und gemeinsam werden wir uns an den vier Jahreszeiten erfreuen." Und im Herbst, bei der Weinlese, sollten wir zu den Trauben sagen: „Auch ich bin ein Weinberg, und meine Trauben werden ebenfalls für die Kelter gelesen. Und gleich dem

heurigen Wein werde ich in ewigen Fässern gelagert.“ Und im Winter, wenn das Weinfaß angezapft wird, sollten wir ein Lied singen, und im Lied soll eine Erinnerung an den Herbst, an den Weinberg und an das Keltern vorkommen.

Soweit die Geschichte, der ich als nüchterner Mitteleuropäer *Bio-Romantik* vorwerfen könnte. Aber es steckt in ihr viel Weisheit, viel über die wahren Zusammenhänge zwischen unserem Leben und unserer Ernährung und seiner Verbindung mit den Mächten über und in uns. Denn wie wir sind, hängt zu einem großen Teil davon ab, wie wir uns zu dem verhalten, was uns ernährt.

Die stillste Zeit im Jahr

Denkwürdiges und Merkwürdiges zu Weihnachten

Das Weihnachtsfest, wie es sich heute darstellt, hat so viele christliche und außerchristliche Wurzeln und Aspekte, daß darüber zu Recht eine Fülle von theologischen, geschichtlichen und volkskundlichen Werken verfaßt wurde. Vieles davon ist in heutigen Bräuchen noch lebendig.

Unklarheiten über den Geburtstermin

Die Geburt Christi, wie sie die frohe Botschaft, das Evangelium, erzählt, ist historisch nicht leicht zu datieren. Entsprechend einiger Angaben der Bibel kann sie zwischen 7 v. Chr. und 6 n. Chr. geschehen sein. Denn der Stern von Betlehem – nach den Berechnungen des Astronomen Kepler eine Konjugation der Planeten Jupiter und Saturn – ist im Jahr 7 v. Chr. am Himmel erschienen; und die Steuerzählung, die veranlaßte, daß Josef und Maria nach Betlehem reisten, hat 6 n. Chr. stattgefunden. Der Erlöser wurde wahrscheinlich nicht im Winter geboren, eher zu Frühlingsbeginn. Denn die Hirten, die bei ihren Herden auf den Feldern waren, wären im Winter wohl in den Häusern gewesen. Im Palästina der Zeit um Christi Geburt wurden die Weidetiere nämlich im Winter in den Ställen gehalten.
Das junge Christentum begann in der Mitte des 2. Jahrhunderts n. Chr. über die Feier des Geburtstermins Christi nachzudenken. Und da bot sich zuerst einmal ein Datum an. Praktisch, wie die Kirche schon immer war, setzte man die

Ankunft des Herrn, die Epiphania, zuerst einmal auf den 6. Januar fest. Das war der Feiertag des alexandrinischen Stadtgottes Aeon, der im östlichen Mittelmeerraum höchst populär war. Das griechische Wort „epiphania“ bedeutet soviel wie „Erscheinung“ oder „Offenbarwerdung“. In der römischen Antike verstand man darunter die Ankunft des Herrschers, des Kaisers. Man könnte dieses Wort auch mit dem Begriff „Staatsbesuch“ übersetzen. Und Jesus sollte als Herrscher des christlichen Lebens eben an einem Tag geboren worden sein, der den Menschen mit einem bereits bekannten göttlichen Feiertag nahegebracht werden konntc. Im westlichen Römischen Reich hatte um 200 n. Chr. wieder ein neuer Sonnengott große Bedeutung gewonnen. Am 25. Dezember feierte man da das Fest des Sol invictus, das Fest der unbesiegbaren Sonne. Also wurde in Westrom die Geburt Christi in der Mitte des 4. Jahrhunderts auf diesen Tag gelegt. Ende des 4. Jahrhunderts wurde dieser Festtag als Tag der Geburt Christi auch für Ostrom verbindlich. Aber die orthodoxen Kirchen haben den Weihnachtstag am 6. Januar bis heute erhalten.

Der wichtigste Impuls, die Geburt Christi am 25. Dezember zum Fest zu erklären, ging zuerst vom ersten Konzil in Nizäa im Jahr 325 aus. Hier wurde theologisch entschieden, daß Christus Gott und Mensch gewesen sei. Das arianische Christentum, schon früh bei den germanischen Völkern eingeführt, hatte Christus Gott nicht gleichgesetzt, sondern ihn nur zum wichtigsten Menschen Gottes erklärt. Im 5. Jahrhundert begann die große katholische Germanenmission. Und die Arianer – bei den Goten, Langobarden und Vandalen hielt sich der arianische Glauben noch bis ins 6. Jahrhundert – wurden „ummissioniert“. Dabei war das Weihnachtsfest als Geburtstermin eines wahren Gottes nun von großer Bedeutung. Der fränkische König Chlodwig wurde demonstrativ um 400 n. Chr. am Weihnachtsfesttag getauft. Weihnachten war solcherart zu einem wichtigen Propagandatermin des Katholizismus geworden.

Die erste Krippe

Erst im Mittelalter begannen die Menschen, die Menschwerdung Gottes sinnbildlich und anschaulich darzustellen. Der heilige Franz von Assisi führte die Weihnachtskrippe ein. 1223 soll die erste Krippe in Gréccio als Schau der „humanitas salvatoris“, des menschlichen Erlösers, auf dem Kirchenaltar aufgestellt worden sein. Man könnte sagen, dies war die Geburtsstunde des Christkindes in unserer heutigen Vorstellung. Bis zur scheinbar untrennbaren Verbindung des Weihnachtsfestes mit dem Christbaum und den vielen Geschenken dauerte es allerdings noch etwas.

Feste und Feiern im Winter

Die germanischen, vor allem die nordgermanischen Völker feierten zur Winterszeit ebenfalls ein großes Fest. Das Julfest, altnordisch „Jol" genannt, wurde von vielen Forschern früher mit dem Tag der Wintersonnenwende, dem 21. Dezember, in Verbindung gesetzt. Wahrscheinlich aber hatte es damit nicht unmittelbar etwas zu tun. Im Mittelpunkt standen zwei Götter. Odin, der später den Namen Wodan bekam, war der Gott des Sturms, des Kampfes und der Jagd. Er paßt also in die Winterjahreszeit und hat sich in vielen Bräuchen auch bis heute erhalten. Der Gott Freyr, ein Bruder der Freya, war der Gott der Fruchtbarkeit und des Reichtums. Es wird also beim möglicherweise wochenlangen Julfest um Rituale, Beschwörungen und Orakel hinsichtlich der Fruchtbarkeit im nächsten Jahr gegangen sein. Die Angelsachsen, die die englische Insel erobert hatten, nannten das Fest auch „Modraniht", was „Mütternacht" bedeutet. Wahrscheinlich wurden also auch Muttergottheiten verehrt. Übrigens hat sich im Englischen neben dem Wort „Christmas" auch das alte Wort „Yule" bis heute erhalten, wie in Skandinavien das christliche Weihnachten bis heute auch Julfest heißt. Das altgermanische Julfest galt als Friedenszeit, während der keine Kämpfe ausgetragen werden durften. Im Mittelpunkt der Götterverehrung stand ein Eberopfer und ein anschließendes Festmahl, bei dem der Eber, gut gebraten, verzehrt wurde. Dieses Essen wurde symbolisch gemeinsam mit den Verstorbenen gefeiert. Tatsächlich ist das Essen von Schweinefleisch im Rahmen des Weihnachtsfestes bis in die jüngste Vergangenheit von Bedeutung gewesen.

Symbol des Lebens

Beim englischen Yule und beim skandinavischen Jul standen auch Nadelbäume als Lebenssymbole im Mittelpunkt des Festes. Den immergrünen Lebensbaum kannten ja auch die Römer und die Kelten. Immergrün wurde als „semper virens", als Symbol ungebrochenen Lebens bezeichnet. In der römisch-keltischen

Kultur waren es aber nicht Tannen, sondern Eiben, die in heiligen Hainen gepflanzt und gepflegt wurden. In den skandinavischen und englischen Bauernhäusern hängte man große Zweige von Fichten oder Tannen oder ein kleines Bäumchen in den offenen Rauchfang oder unter die Stubendecke. Kein Wunder, daß es Regionen gibt, in denen der spätere Christbaum auch an der Stubendecke hing. Das wird von Forschern auch damit erklärt, daß es früher in den engen Bauernstuben zuviel Platz gekostet hätte, den Lichterbaum auf den Boden zu stellen. Das ist eine gute Erklärung, aber wahrscheinlich war hier doch die ältere Tradition maßgebend.

In den Tagen nach dem Winterneumond schnitten die keltischen Druiden mit ihren goldenen Sicheln auch die magischen Misteln. Der Mistelzweig an der Zimmerdecke ist in England noch immer zu Weihnachten lebendig. Um ihn, besser gesagt, unter ihm, gibt es noch einige lustige Bräuche. So gilt ein Kuß unter dem Mistelzweig als rituelle Verlobung und deutet damit auf den alten Fruchtbarkeitskult hin. In England gab es auch bis in jüngste Zeit den Brauch

des Yulelog. Das ist ein massiver Eichenholzstamm, der feierlich ins Haus gebracht wurde und beim Weihnachtsfest im Kamin brennen mußte. Er durfte während der Festtage nicht erlöschen, und seine verkohlten Überreste wurden ein Jahr lang aufbewahrt – als Glücksbringer.
Baumkulte und -bräuche gibt es in fast allen Kulturen dieser Erde. Bei uns sind sie im Maibaum und in den Birkenbäumchen zu Fronleichnam noch lebendig. Es ist also keine Überraschung, daß an der Wende vom Spätmittelalter zur Neuzeit der geschmückte Christbaum entstand. 1539 wurde der erste solche Baum in Straßburg aufgestellt. Nach Österreich kam dieser Brauch erst im Biedermeier.
Der Christbaum wurde christlich als Symbol des Paradieses, als Paradiesbaum, interpretiert. Daher wurde er mit Früchten wie Äpfeln und Nüssen und mit Broten behängt. Diese paradiesischen Gaben wurden durch Umwickeln mit Goldpapier noch besonders verziert. Der Christbaumschmuck und die bunten Glitzerkugeln sind heute die späten Nachfahren dieses frommen Gedankens. Am 6. Januar, dem Dreikönigstag, durften die Kinder dann die Früchte des Paradiesbaums ernten. Das Christbaumabräumen, bei dem die Kinder auch heute noch die letzten Süßigkeiten vom Baum für sich in Anspruch nehmen dürfen, ist die daraus entstandene Tradition.

Licht für die heilige Lucia

Die vielen Kerzen auf dem Weihnachtsbaum, auch auf dem Adventskranz, wurden von einem anderen Fest übernommen. Am 13. Dezember ist der Feiertag der heiligen Lucia, die in Sizilien besonders verehrt wird. In Schweden entstand schon sehr früh aus dieser Verehrung der Brauch der sogenannten Lichterbraut. Eine bräutlich weißgekleidete junge Frau trägt dabei auf dem Kopf einen Kranz mit brennenden Kerzen. Auf dem Christbaum sind die Kerzen natürlich das Symbol des Lichtes Christi geworden. Der Adventskranz, wie wir ihn heute kennen, ist erst im Biedermeier entstanden. Die vier Kerzen, für jeden Adventsonntag eine, waren ursprünglich vierundzwanzig Stück, wobei jeden Tag eine weniger angezündet wurde. Das geht möglicherweise auf die Vorstellung zurück, daß die Wintersonne von Tag zu Tag schwächer wird, aber am Weihnachtsabend die Lichter des Christbaums als Zeichen des geborenen Gottes hell strahlen. Der Einzug des Adventskranzes in die Alpenländer ist auch eine leidvolle politische

Geschichte. Denn der extreme Deutschnationalismus, der in der unseligen und übertriebenen Wiederaufnahme germanischer Sitten während des Nationalsozialismus kulminierte, hatte den Adventskranz als Gegensymbol zum christlichen Weihnachtsbaum hochstilisiert. Ab 1938 wurde der Kranz daher von den Nazis auch in Österreich eingeführt. Er konnte aber den schon liebgewonnenen Christbaum nicht ablösen, vielmehr ist er als Adventbrauch eingemeindet worden. 1952 hat die katholische Kirche den Adventskranz dann endgültig als Weihnachtsbrauch mit übernommen.

Nikolaus, Krampus, Knecht Ruprecht und der Weihnachtsmann

Eine der merkwürdigsten geschichtlichen Entwicklungen ist auch der heute ins Unmäßige ausufernde Geschenkrummel. Vom Ursprung her hat er mit dem Weihnachtsfest nämlich nichts zu tun. Denn Geschenke – und zwar nur für Kinder – gab es bis ins Spätmittelalter nur am Nikolaustag, dem 6. Dezember. Der heilige Nikolaus, sein Name bedeutet „das Volk Gottes wird siegen", war Bischof in der kleinasiatischen Hafenstadt Myra. Sein Leben – er starb 326 n. Chr. – ist voll von Legenden und wundersamen Begebenheiten. Vor allem für Kinder und junge Menschen hat er sich so sehr eingesetzt, daß er zum Schutzpatron der Kinder erhoben wurde, nebenbei aber auch der der Bäkker, der Flößer, der Schiffer, der Seeleute und der Fischer wurde. Im Mittelalter gab es rund um den legendären Mann und den Festtag vor allem die Sitte, Kinder mit Gebäck und Süßigkeiten zu beschenken. Das Weihnachtsfest war geschenkfrei. Der Reformator Martin Luther begann auch dieses um 1535 abzuschaffen. Die „Gaben bringt der Heilige Christ", postulierte er, ein Brauch, der sich in Deutschland nach und nach durchsetzte – das Christkind bringt seither die Geschenke. Nur im Rheinland und in Holland konnte man sich an diese Änderung erst um 1900 gewöhnen. Aber Weihnachtsgeschenke wie auch Krippenspiele eroberten ganz Mitteleuropa.

Dafür gesellten sich dem heiligen Nikolaus, der trotzdem weiter kleine Geschenke für fromme Kinder verteilen durfte, einige merkwürdige Gestalten zu. Knecht Ruprecht, der Bartl, die in Stroh gehüllten Schaben und andere wilde Gesellen umgaben den Gütigen, um weniger fromme Kinder auch ein wenig zu erschrecken. In den Stadtkulturen tauchten im 19. Jahrhundert um Nikolaus

plötzlich teufelsähnliche Krampusse auf. Schon der Name dieser Figur ist merkwürdig. Das griechische Wort „krampos“ bedeutet „der Vertrocknete“ und steht daher in seltsamer Verbindung zum Brauch der Männchen aus Dörrpflaumen, die jedermann als Zwetschkenkrampus kennt. Woher aber der Krampus, der zweifellos keine Höllenfigur sein kann, wirklich stammt, liegt bis heute im dunkeln.

Die Holländer, als Seefahrer dem heiligen Nikolaus treu ergeben, brachten ihren Schutzpatron mit in die Neue Welt. Aus dem St. Klaas wurde in Amerika dann Santa Claus. Die Geburtsstunde des Weihnachtsmannes?

Nein, der Weihnachtsmann kommt aus England. Dort heißt er Father Christmas. Und erst das genaue Studium und Betrachten alter Abbildungen bringt den historischen Hintergrund heraus. Father Christmas ist ein großer, breitschultriger Mann mit langem, weißem Bart und buschigen Augenbrauen. Er trägt einen bodenlangen, pelzbesetzten Mantel mit Kapuze. Das ist aber kein heiliger Nikolaus im Bischofsornat mit der Mitra. Das ist niemand anders als der gute, alte – Odin! Bei den Angelsachsen hat sich aus dem alten Julfest im Hochmittelalter die Vorstellung herausgelöst, daß Odin den Armen und Hungernden in der kargen Winterszeit Geschenke, vor allem Essen, vor die Türen legt. Das war der englischen Kirche gar nicht recht, sie versuchte jahrhundertelang, von Dorf zu Dorf

diese Bräuche abzuschaffen. Bis dann mit der Figur des Father Christmas, des Weihnachtsmanns, eine Art glücklicher Kompromiß gelang.
In Amerika wurden beide Vorstellungsbilder übereinandergelegt und verschmolzen. Der christliche Nikolaus wurde in Kombination mit dem germanischen Odin, der ja vom Norden kommt und daher am Nordpol wohnt und mit dem Rentierschlitten über den Himmel fährt, Santa Claus, der alle Geschenke bringt. Das endgültige Aussehen und die Kleidung des amerikanischen Weihnachtsmannes entwickelten Werbegraphiker der dreißiger Jahre. Ein heute internationales Cola-Getränk ist verantwortlich dafür. Der am Nordpol lebende Geschenkebringer braucht – so fanden die Marketingstrategen heraus – auf seiner Geschenktour ein eisgekühltes Cola zur Erfrischung. Und so, wie dieses Werbesignet den Santa Claus damals samt Fläschchen abbildete, so ist heute weltweit sein Bild. Eigentlich eine faszinierende Geschichte, wie aus einem germanischen Sturm- und Jagdgott ein gütiger Rauschebartopa wird, der die Geschenke in der Christnacht in die Rauchfänge wirft.

Die Zukunft deuten

Es ist kein Zufall, daß Weihnachten mit der Zeit der Lostage und der Rauhnächte zusammenfällt. Denn neben dem christlichen Weihnachtsfest sind die alten germanischen Kultvorstellungen des Julfestes aus der vorchristlichen Zeit im Brauchtum bis in die jüngste Vergangenheit lebendig geblieben. Die christlichen Kirchen haben dies teils zu verhindern versucht, teils auch wohlwollend geduldet. Denn das Wort „Brauch“ hängt ja tatsächlich mit „brauchen“ zusammen. Und vieles von dem alten Spuk- und Zauberglauben war selbstverständlich im moralischen Sinne brauchbar und nutzbar.

Die mittwinterlichen Lostage liegen in der Zeit vom 21. Dezember bis zum 6. Januar. Das sind vor allem Nächte, in denen die Menschen etwas über die Zukunft erfahren können. Das Wort Los bedeutet in diesem Sinne auch Schicksal. Vorhersagen über Heirat, Glück oder Unglück, Ernte oder Tod können getroffen werden.
In den Alpenländern wird der 21. Dezember, der Thomastag, mit fast makabren Bräuchen eingeleitet. Da am Vortag meist der Schlachttag gehalten wurde, kommt der „Bluatige Thamerl", der Blutige Thomas, in der befleckten Fleischerschürze mit blutigem Knochen oder Hammer und schlägt gegen die Stubenfenster. Und dieser Schlachtbrauch hat dann für das Weihnachtsfest auch kulinarische Bedeutung.
Es ist die Zeit der Rauhnächte, der „Zwölften", die mit dem Dreikönigstag enden. In den Rauhnächten geht die Wilde Jagd um. Da ist hinter dem Sturmgott Odin hoch zu Roß ein riesiges Gefolge unterwegs: Alben, Trolle, Hexen, Frau Holle und viele andere Götter und Geister reisen durch die Nächte. Diese mittwinterliche Vorstellungswelt ist eine europäische, es gibt sie in mancherlei Variationen zwischen Südtirol und Friesland, zwischen Litauen und England. In einigen der Rauhnächte – die wichtigsten sind der 25. Dezember, der 1. und der 6. Januar – werden Stuben und Ställe in den Bauernhöfen mit Kräutern und Weihrauch geräuchert. Das Wort Rauhnacht kommt aber nicht vom Räuchern, sondern ist in Verbindung mit der Bezeichnung Rauhware für Pelze zu sehen. Denn die Reiter der Wilden Jagd sind in pelzige lange Mäntel gehüllt. Wie schon erzählt, hat sich dieses Pelzwerk am Mantel des Gottes Odin über den englischen Father Christmas bis zum amerikanischen Santa Claus stilistisch erhalten.

Alte germanische Bräuche

Im bäuerlichen Leben sind Speisesitten und Speiseopfer, die aus den alten magischen Vorstellungen stammen, bis heute erhalten geblieben. Im Salzburgischen müssen zum Beispiel am 24. Dezember alle Messer und Klingen frisch geschliffen und geschärft weden – zweifellos eine Erinnerung an vorchristliche Opferschlachtungen. Auch das sogenannte „Elementefüttern" ist mancherorts noch heute üblich. Schon vor dem Thomastag werden auch die Kletzenbrote gebakken. Diese Kletzenbrote – der Name kommt von den getrockneten Birnen, den Kletzen – werden aus Sauerteig, gemischt mit Nüssen und Dörrobst, gebacken und sind das typisch bäuerliche Weihnachtsgebäck. Vier besonders schöne Brote werden am Weihnachtsabend vom Hausvater dem Wind, dem Feuer, der Erde und dem Wasser gespendet. Ein Brot wird unter dem Dach versteckt, eines im Herd verbrannt, eines in den Brunnen oder einen Tümpel geworfen und eines im Obstgarten vergraben. In Salzburg und Niederösterreich gab es auch die Sitte, Speisereste in Schüsseln an entsprechenden Plätzen den Elementen zu opfern. Speisereste wurden auch am Weg zur Christmette quasi den Obstbäumen verfüttert. Mit den Worten: „Baam, eßt's!“ wurden sie zum Fuß der Baumstämme geschüttet.

Aus Bayern ist der Begriff der „Mettensau“ überliefert. Das war ein besonders gut gemästetes Schwein, das vor dem Thomastag für Weihnachten geschlachtet wurde. Das geschlachtete Tier mußte bis zur Christnacht auch noch gut bewacht werden, denn es war eine weitverbreitete Sitte, sich die Schweinehälften – scheinbar aus Jux – gegenseitig zu stehlen. Ein Scherzbrauch, der wahrscheinlich auch auf die alte germanische Eberschlachtung zurückgeht. Von besonderer Bedeutung waren aber die nach der Schlachtung hergestellten Blut- und Leberwürste. Diese wurden nach der Heimkehr von der Christmette gekocht und gegessen. Denn der 24. Dezember gehörte noch zur Adventfastenzeit, die mit der Mitternachtsmesse endete. Und am Christtag war der Schweinebraten von der Mettensau dann das weihnachtliche Festmahl. Interessanterweise hat sich das nächtliche Wurstessen in vielen Regionen bis heute erhalten. In und um Berlin sind für den Heiligen Abend Würstchen mit Kartoffelsalat das Traditionsessen. Aber auch in Vorarlberg sind Schweinswürstel nach der Mette als Familienessen überliefert. So erzählen uns der weihnachtliche Schweinebraten, die mitternächtlichen Schweins-, Blut- und Leberwürste und die preußischen Würstchen in aller Unschuld noch immer vom Eberopfer zu Odins Ehren. Im „Heiligen Mahl“ nach der Christmette ist es erhalten geblieben.

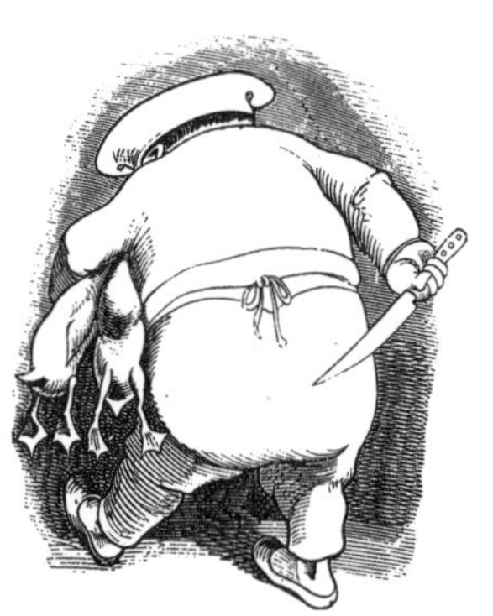

In Schweden ist ein gebratener Schweineschinken – mit Gewürznelken gespickt und mit Honig glaciert – das Hauptstück der Weihnachtstafel. Etwas anders hat sich das Weihnachtsessen in unseren Stadtkulturen entwickelt. In Wien stehen vor allem die Gans und der Fisch, vornehmlich der Karpfen, im Mittelpunkt. Wahrscheinlich ist das Gansessen dort aufgekommen, wo in früheren Zeiten die Schweineschlachtung zu teuer gekommen wäre und die zu

Martini nicht als Zins abgelieferten Gänse noch bis Weihnachten weitergemästet wurden. Noch lebendige Erinnerungen erzählen, daß Arbeiterfamilien für das Weihnachtsfest auf besonders fette Gänse regelrecht sparten. Das ausgebratene Gansfett mußte möglichst reichlich sein, denn es war für die nächsten Wochen und Monate eine wichtige Nahrungsgrundlage. Sorgen über zu hohe Cholesterinwerte brauchte sich die hart arbeitende Bevölkerung ja damals noch nicht zu machen.

Feiern und essen

Auch in der Stadt war der Heilige Abend noch ein Fasttag. Daher wurde der Fisch zum abendlichen Hauptgericht. Und da auch er ausgiebig sein mußte, waren die fettesten Karpfen gerade die begehrtesten. Reifere Semester schüttelt es heute noch bei der Erinnerung an Karpfengerichte, die wohl nicht mehr unser Geschmack wären. Denn die alten Mastkarpfen waren nicht nur fett, sie schmeckten auch nach langer Teichmast moorig, sie „grundelten", wie das im Wienerischen heißt. Den Karpfen gab es gebacken mit Kartoffelsalat oder in süßlich-pikanten Soßen mit Lebkuchenbröseln und Rosinen. Ein ursprünglich polnisch-jüdisches Fischessen, das in Wien wegen der dunklen Soße den speziellen Namen Schwarzfisch bekam.

In den Arbeiterfamilien wurde der immer teurer werdende Karpfen dann durch den billigeren Seefisch, den Kabeljau, ersetzt. So ist das Essen von gebackenem Seefisch mit Kartoffelsalat am Heiligen Abend noch immer eine weitverbreitete Sitte. Die Weihnachtsgans am Christtag, dem ersten Weihnachtsfeiertag, wurde im Laufe der Zeit durch den aus Amerika eingeführten gefüllten Truthahn, den „Indian", abgelöst, dessen zartes und mageres Fleisch die ehemaligen Gänsefett-Orgien vergessen läßt. Und heute, in Zeiten des allgemeinen Übergewichts, ist das jährliche Ächzen und Stöhnen über das üppige Weihnachtsessen ja besonders chic geworden.

Familienfest Weihnachten

Auch das Bild des Weihnachtsfestes hat sich im Laufe der Jahrhunderte immer wieder gewandelt und stark verändert. Im Mittelalter und in der Renaissance standen die kirchlichen Meßfeiern im Mittelpunkt. Für die überwiegende Mehrzahl der Menschen war Weihnachten zu jener Zeit ein karges und einfaches Fest. Im Barock, mit seinem aufbrechenden Lebensgefühl, wurde Weihnachten ein geradezu lautes, turbulentes öffentliches Fest. Mit Stadtbeleuchtungen, mit üppigen und nicht enden wollenden Fest- und Gastmählern in Adels- und Bürgerhäusern, mit der einsetzenden Sitte der Verwandtschaftsbesuche, mit lebhaftem Straßentreiben, mit Schlittenfahrten und Voksbelustigungen aller Art und großen Weihnachtsmärkten. Es war ein lärmendes und vor allem weinerfülltes Christfest, wie der aus Schwaben stammende Wiener Hof- und Domprediger Abraham a Sancta Clara drastisch anprangerte.

Zum stillen, zum Familienfest, zum Fest der Herzen wurde Weihnachten im Biedermeier. Eine Folge der geänderten politischen Verhältnisse, die einen Rückzug ins private häusliche Leben erforderten. Aus dieser Zeit der „deutschen Romantik" stammen auch die meisten der heute noch gebräuchlichen Weihnachtslieder, die alle auf Innigkeit und Gefühlstiefe abzielen. Das berühmteste Lied – *Stille Nacht, heilige Nacht* –, das heute auf der ganzen Welt zum Weihnachtssymbol geworden ist, wurde 1818 komponiert. Im 19. Jahrhundert flossen über die volkstümliche Dichtung auch alle anderen romantischen Elemente vom ländlich-bäuerlichen Leben in die Vorstellung vom Weihnachtsfest ein – die verschneite Winterlandschaft, die nächtliche Stille, der Sternenhimmel, die heimeligen Stuben, mit einem Wort die ganze Bratapfelromantik. Alle diese Versatzstücke mußten über die grausamen Zeiten der beiden Weltkriege hinweg mühsam aufrechterhalten bleiben. In der Nazizeit wurde Weihnachten zum Durchhaltekitsch, und auch vorchristlich-germanische Vorstellungen wurden wieder propagiert. Etwa der Mythos, daß in der Christnacht die Toten, die Gefallenen des letzten Jahres, noch einmal zu Besuch kommen. Dafür sollten hinter den wegen Luftgefahr verdunkelten Fenstern Kerzen aufgestellt werden. Nach 1945 war zwar keine Verdunklungspflicht mehr, aber die Kerzen in den Fenstern blieben. Jetzt sollten sie die Kriegsgefangenen zurückholen. Heute, in der Zeit des Energiereichtums, ist es Mode geworden, die Fenster mit elektrischen Lichterbögen, Engeln oder Weihnachtsbäumchen zu beleuchten. Warum dies einmal eingeführt wurde, scheint – Gott sei Dank – allgemein vergessen zu sein.

Weihnachten gilt heute als das kommerzielle Hochfest des Jahres. Man kann viel darüber philosophieren, viel kritisieren oder auch versuchen zu reformieren. Aber man darf dabei nie übersehen, daß manches, was wir als übertrieben, als überzogen oder sinnentleert etikettieren, gewachsene Wurzeln hat. Und wenn heute Weihnachten immer wieder als Fest der Familie beschworen wird, so liegt auch ein guter Teil der Verantwortung für das Fest darin, diese Familie in größerem Rahmen zu sehen. Denn der schönste und reichlichst gedeckte Festtisch hat erst dann seinen Wert, wenn dafür gesorgt ist, daß auch Bedürftige daran teilhaben können.

Himmlische Speisen für Advent und Weihnachten

Kletzenbrot

Kletzenbrot wird aus Brotteig hergestellt, in den Dörrobst, Nüsse und Honig eingearbeitet werden. Traditionell werden dazu die Früchte des Jahres verwendet, die von der Köchin selbst gedörrt wurden, nämlich zumeist Äpfel, Pflaumen (Zwetschken) und vor allem Birnen. Heute nimmt man auch Feigen, Zitronat und Aranzini. Den Brotteig dazu können Sie vom Bäcker holen. Oder aber Sie versuchen Ihr eigenes Brot. Wenn Sie Vollkornmehl verwenden – und das läßt sich ganz vorzüglich zu Brot verarbeiten –, müssen Sie etwas mehr Flüssigkeit nehmen. Vor allem aus Dinkelmehl wird das Brot besonders fein, Sie können aber auch verschiedene Vollkornmehlsorten miteinander vermischen, z. B. Weizen, Roggen, Dinkel. Für manche Küchenmaschinen oder Handmixer ist der Brotteig zu fest, dann sollten Sie ihn einfach mit der Hand durchkneten, das geht sehr gut und problemlos.

700 g Mehl, 2 Päckchen Trockenhefe (oder 1 Würfel Frischhefe), 1 Teelöffel Salz, 1/2 l lauwarmes Wasser, 1 Eßlöffel Öl, 500 g Dörrfrüchte, gemischt (Pflaumen, Birnen, Rosinen, Feigen, Aranzini, Zitronat), 3 Eßlöffel Honig, 1/8 l Rum, 1 Päckchen Lebkuchengewürz, 100 g Nüsse, grob gehackt (Wal- oder Haselnüsse), Vanillezucker

Mehl und Trockenhefe vermischen, mit Salz, Wasser und Öl zu einem glatten, mittelfesten Teig verarbeiten und gut durchkneten. Teig gut zudecken und eine halbe Stunde ruhen lassen. In dieser Zeit sollte er kräftig aufgehen.

Wenn der Honig sehr fest ist, muß er kurz erwärmt werden, damit er leichter zu verarbeiten ist. Die Dörrfrüchte, wenn sie sehr hart sind, in Rum einweichen (Birnen müssen eventuell sogar 10 Minuten lang weich gekocht werden). Die Früchte in grobe Stücke schneiden, in einer Schüssel mit Nüssen, Honig, Vanillezucker, Gewürzmischung und Rum gut durchmischen. Alle diese Zutaten in den Brotteig einarbeiten und kräftig durchkneten. Backblech einfetten. Aus dem Teig drei längliche Laibe formen und auf das Backblech legen. Bedenken Sie, daß der Teig aufgeht, vielleicht müssen Sie auch zwei Backbleche verwenden. Die Brotlaibe noch einmal eine halbe Stunde aufgehen lassen, danach in den bei schwacher Hitze vorgeheizten Backofen schieben. Vorher mit einem Kochlöffelstiel zwei- oder dreimal in jeden Laib stechen und die Laibe mit warmem Wasser bestreichen. Nun erst den Backofen auf mittlere Hitze stellen und die Laibe 20 Minuten backen, danach die Hitze reduzieren und weiterbacken. Insgesamt werden die Kletzenbrote etwa 45 Minuten Backzeit benötigen. Mit einer Nadel oder einer großen Gabel in den Teig stechen, wenn keine Teigreste daran hängenbleiben, sind die Brote fertig. Die ausgekühlten Kletzenbrote können in ein Tuch geschlagen oder in Alufolie gewickelt werden und bleiben so mehr als zwei Wochen frisch.

Weihnachtlicher Honiglebkuchen

1 kg Bienenhonig, 1/2 kg Feinkristallzucker, 1 kg Vollkornweizenmehl, Mehl für das Brett, 250 Gramm geriebene Nüsse (Walnüsse, Haselnüsse oder Mandeln),
1 Päckchen Backpulver, 1/8 l Rum, 3 große oder 4 kleine Eier, 1 Päckchen Lebkuchengewürz
Zum Garnieren:
2 verquirlte Eier, geschälte ganze oder halbierte Mandeln, evtl. kandierte Kirschen

In einem großen Kochtopf Honig und den Zucker vorsichtig zum Kochen bringen. Die sanft kochende Mischung gut umrühren, damit sich der Zucker im Honig völlig auflöst, vom Herd nehmen. In die heiße Honig-Zucker-Mischung das Mehl in mehreren Portionen gut unterrühren, so daß sich keine Klümpchen bilden. Das erfordert kräftiges Rühren, denn die Masse wird immer zäher und dicker. Die Mischung bis auf Handwärme abkühlen lassen.

Die noch lauwarme Honig-Zucker-Mehl-Mischung auf eine dick bemehlte Arbeitsfläche setzen. Achtung: Die Masse läuft auseinander. Daher mit gut bemehl-

ten Händen immer wieder zu einer Kugelform zusammendrücken. Wenn sie endgültig ausgekühlt ist, in eine große Schüssel geben und über Nacht in einem kühlen Raum ruhen lassen.
Am nächsten Tag die Masse wieder auf die gut bemehlte Arbeitsfläche setzen und in kleine Stückchen zerzupfen oder schneiden. Diese Stücke zu einem Berg aufschichten und in die Mitte eine Mulde drücken. Backpulver in Rum einrühren, die Eier verquirlen, beides über die Honigmasse gießen. Nüsse und Lebkuchengewürz darüber streuen. Nun mit beiden Händen alles zu einem glatten Teig verkneten.
Verzweifeln Sie nicht – die Teigmasse ist anfangs sehr schwer in Bewegung zu setzen, wird dann zunehmend klebrig, daher muß die Arbeitsfläche immer wieder mit Mehl bestäubt werden. Die geknetete Masse mit einem großen Messer in vier Teile schneiden, um zu prüfen, ob sie wirklich durch und durch glattgeknetet ist, und dann nochmals zusammenkneten. Der gesamte Arbeitsvorgang erfordert einige Körperkraft, vor allem in Händen und Armen, und zarten Köchinnen ist zu empfehlen, ihre sportlichen Ehemänner dafür heranzuziehen.
Den fertig gekneteten Honigkuchenteig in Portionen auf der wieder bemehlten Arbeitsfläche ca. 3 Millimeter dick ausrollen. Beliebige Formen (Herzen, Sterne, Engel, Glocken, Monde etc.) ausstechen oder ausschneiden und auf ein mit Backpapier belegtes Backblech setzen. Mit verquirltem Ei bestreichen, mit Mandeln und kandierten Früchten verzieren. Nochmals mit Ei überstreichen. Auf dem Backblech sollten die Formen in einem Abstand von 2 Zentimetern liegen, denn beim Backen geht der Lebkuchen ziemlich stark auf.
In einem bei mittlerer Hitze vorgeheizten Backofen ca. 10 bis 12 Minuten backen. Die Lebkuchen sind dann durch, wenn sie goldbraun sind und sich leicht vom Backpapier lösen lassen. Sie sind aber im heißen Zustand noch sehr biegsam und sollten daher mit einer Spachtel zum Auskühlen auf Kuchengitter oder andere gerade Unterlagen aufgelegt werden. Erkaltend werden sie hart.
Die gebackenen Lebkuchen in Blechdosen, Kartons oder Keramiktöpfen in einem kühlen Raum aufbewahren. Nicht verschließen, sondern nur mit sauberen Geschirrtüchern oder Servietten bedecken. Nach ca. 3 Tagen beginnen die Lebkuchenstücke wieder weich zu werden, eine Woche später haben sie die ideale Konsistenz. Zusatzhilfen zur Luftbefeuchtung, wie rohe Apfelschalen, brauchen Sie nicht unbedingt.
Die gebackenen und gereiften Lebkuchenstücke können natürlich auch zusätz-

lich verziert, glasiert und dekoriert werden. Der Gestaltungsfreude von Erwachsenen und Kindern stehen hier alle Möglichkeiten offen.
Dieser Lebkuchenteig ist auch ideal als Werkmasse für Hexen- oder Lebkuchenhäuser. Dazu brauchen Sie nur die entsprechenden Schablonen herzustellen, die Hausteile auszuschneiden und zu backen und später mit dickem Zuckerguß zusammenzusetzen und nach Lust und Laune mit Silberperlen, Keksen, bunten Süßigkeiten und viel Zuckerguß zu dekorieren.

Windbeutel

Windbeutel, auch Brandteigkrapferl genannt, sind vielseitig einsetzbar. Mit süßer Fülle ergeben sie ein wunderbares Dessert. Pikant gefüllt eine interessante Vorspeise, aber auch eine Attraktion für das kalte Buffet. Windbeutel werden auch oft als kleine Kugeln gebacken und in Rind- oder Käsesuppe eingelegt. Brandteigkrapfen gibt es heute bereits tiefgekühlt zu kaufen. Aber auch Selbermachen ist ganz einfach:

Für den Teig:
250 ml Wasser, 120 g Butter, 120 g Mehl, 1 Prise Salz, 4 Eier, Butter und Mehl für das Backblech
Für die Fülle: 1/8 l Schlagsahne (Schlagobers), 1 kleines Glas Kaviar, 1/2 Zitrone
Ein Backblech einfetten und mit Mehl bestäuben. Backofen bei starker Hitze vorheizen.
Wasser, Salz und Butter in einem Topf zum Kochen bringen, danach vom Herd nehmen, sofort das Mehl einrühren und den Topf noch einmal auf die Flamme stellen. Dieser Teig muß nun so lange gerührt („geröstet“) werden, bis er glatt wird und sich vom Topf löst. Vom Herd nehmen, etwas überkühlen lassen und nach und nach die Eier einrühren. Der Teig wird dick und schwer, muß aber seidig-glatt sein. Teig in einen Spritzbeutel füllen und mit einer großen Sterntülle teelöffelgroße Sterne auf das Backblech spritzen. Oder aber Sie nehmen zwei Teelöffel und setzen kleine Häufchen (Kugeln) auf das Backblech. Das sieht zwar nicht so perfekt aus, funktioniert aber sehr gut. Die Windbeutel für etwa eine halbe Stunde im Backofen backen. Während der ersten 10 Minuten darf der Ofen nicht geöffnet werden. Danach die Temperatur auf mittlere Hitze zurückstellen. Fertige Windbeutel nicht herausnehmen, sondern im Backofen bei offe-

ner Tür nachziehen und abkühlen lassen. Wenn sie kalt sind, mit einem scharfen Messer den Deckel abschneiden. Für die Fülle Schlagsahne steif schlagen, Zitronen auspressen, Kaviar und Zitronensaft untermischen. Windbeutel aber erst vor dem Servieren füllen. Windbeutel können ohne Probleme am Vortag gebacken werden, sie bleiben frisch.

BISKUITSCHÖBERL FÜR DIE SUPPE

2 Eier (getrennt), 1 Prise Salz, 40 g Mehl

Backblech mit Backpapier belegen, Backofen bei mittlerer Hitze vorheizen.
Eiklar mit Salz sehr steif schlagen, danach die Eidotter vorsichtig unterheben, zuletzt das gesiebte Mehl unterrühren. Die Masse etwa fingerdick auf das Backblech streichen und ca. 10 Minuten backen. Herausnehmen, umdrehen, das Backpapier abziehen und das Biskuit in Stücke schneiden – klassisch in Rhomben, aber auch in Rechtecke. Das Biskuitschöberl wird entweder extra zur klaren Fleischbrühe (Rindsuppe) gereicht oder auch in der Suppe serviert. In diesem Fall darf die Suppe aber nicht allzu lange stehen bleiben, da ansonsten das Schöberl „aufläuft“ und zuviel Flüssigkeit annimmt.
Biskuitschöberl können auch mit Kräutern bereitet werden: Eine Handvoll Kräuter (auch tiefgekühlte) unter die Eidotter mischen, gut durchrühren. Auch fein gehackter Schinken kann auf diese Weise beigefügt werden.

MOSTSUPPE

Ein Rezept der Köchinnen aus Lustenau

4 Karotten, 1 Sellerieknolle, 500 ml Most (oder Weißwein), 300 ml Wasser, 1 Suppenwürfel, Salz, Pfeffer, etwas Muskat (gemahlen), je 1 Zweiglein Bohnenkraut und Rosmarin, 1/4 l saure Sahne (Sauerrahm), Butter zum Anrösten

Karotten und Sellerie putzen und grob raspeln. In einem Suppentopf Butter schmelzen lassen, Gemüse darin glasig dünsten. Mit Most ablöschen, Wasser und Gewürze zugeben und sanft köcheln lassen, bis die Gemüsestreifen weich sind. Suppe kurz überkühlen und die Sahne einrühren. Mit gerösteten Schwarzbrotwürfeln servieren.
Die Köchin bemerkt dazu: Diese Suppe eignet sich gut für Feste!

Karpfen in schwarzer Sosse (Schwarzfisch)

800 g Karpfen (in Stücke geschnitten), Salz, Pfeffer, 1 Zwiebel, 1 Karotte, 1/2 Knolle Sellerie, 40 g Butter, 1 Eßlöffel Zucker, 30 g Mandelstifte, 30 g Nüsse (grob gehackt), 30 g Rosinen, je 30 g Dörrpflaumen und Feigen (würfelig geschnitten), 300 ml dunkles Bier, 1/8 l Rotwein, Saft von 1 Orange, 1 Prise Salz, 1 Teelöffel Kapern, 50 g Lebkuchenbrösel
Für den Fisch:
einige Pfeffer- und Neugewürzkörner (Piment), 1 Lorbeerblatt, etwas Thymian, Schale einer halben Zitrone, 2 Eßlöffel Essig, 1 kleine Zwiebel (in Ringe geschnitten)
Fischstücke waschen. In einer Kasserolle Wasser mit Salz, Pfeffer, Lorbeer, Thymian, Zitronenschale, Essig und Zwiebelringen erwärmen. Fischstücke einlegen und zum Sieden bringen, etwa 8 Minuten sieden, so daß die Fische nur vorgegart sind. Fischstücke aus dem Wasser heben und beiseite stellen. Die Flüssigkeit abseihen und für den Fischsud aufheben.
Zwiebel, Karotte, Sellerie in zündholzlange Stiftchen schneiden. In einer großen Pfanne Butter erhitzen, Gemüsestreifen einige Minuten darin durchrösten. Zukker zugeben und schmelzen lassen. Mandeln und Nüsse beigeben und eine Minute durchrösten, Rosinen, Dörrpflaumen, Feigen einrühren, unter gutem Umrühren alles etwa 2 Minuten durchschwitzen lassen. Mit Rotwein ablöschen, Bier, Orangensaft und zwei Schöpflöffel Fischsud zugeben. Eine Prise Salz beigeben und aufkochen, etwa 2 Minuten auf kleiner Flamme einkochen lassen.

Lebkuchenbrösel einrühren. Die Soße soll eingedickt, aber nicht zu dick sein. Unter Umständen muß noch mit etwas Fischsud aufgegossen werden. Die Kapern gut abtropfen lassen und in die Soße geben, zuletzt die Karpfenstücke hinzufügen, die nun noch etwa 5 Minuten bei kleiner Flamme fertigdünsten sollen.
Zum Schwarzfisch werden traditionell Semmel- oder Kartoffelknödel serviert.

Gebratene Gans

Eine kleine Gans reicht bereits für sechs Personen. Bei einer einjährigen Gans empfiehlt sich eine Fülle aus Äpfeln und Dörrpflaumen. Größere Gänse können auch mit einer Semmelfülle – ähnlich jener im Rezept „Gefüllte Kalbsbrust" (siehe Seite 46) – gefüllt werden.

1 bratfertige einjährige Gans (Frühmastgans), Salz, Pfeffer, Majoran (oder Rosmarin), etwa 1 kg Äpfel, 200 g Dörrpflaumen, 1/4 l Rotwein, etwas Öl, evtl. etwas Suppe und 1 bis 2 Eßlöffel Soßenbinder

Dörrpflaumen für 1 Stunde in Rotwein einweichen. Äpfel nicht schälen, aber waschen und entkernen.
Die Gans waschen, trockentupfen. Den Bauchraum mit Salz und Majoran (oder Rosmarin) einreiben, mit Äpfeln und Dörrpflaumen füllen und mit einem Holzspießchen verschließen. (Übriggebliebenen Rotwein aufheben.) Gans auch außen salzen. Mit einem kräftigen Bindfaden die Keulen und die Flügel der Gans zusammenbinden, dabei den Bürzel ebenfalls mit hochbinden. Den Boden einer großen Bratpfanne mit etwas Öl, Wasser und dem restlichen Rotwein zwei Finger hoch begießen. (Bei sehr fetten Gänsen könnte die Ölzugabe entfallen. Einjährige Gänse sind zumeist nur mäßig fett.) Gans mit der Brust nach unten in die Pfanne legen und im Backofen bei mittlerer Hitze braten. Nach etwa 20 Minuten sollte die Gans mit dem eigenen Saft begossen werden. Wenn der Gansrücken schön braun geworden ist (etwa nach der Hälfte der Bratzeit), die Gans auf den Rücken drehen. Unter weiterem öfteren Begießen braten, bis die Haut knusprig ist. Die Bratzeit ist vom Gewicht der Gans abhängig: Pro Kilogramm rechnet man etwa 40 Minuten. Wenn sehr viel Fett austritt, muß zwischendurch abgeschöpft werden. Sollte zuwenig Flüssigkeit im Bräter sein, muß vorsichtig warmes Wasser, Suppe oder Rotwein zugegossen werden. Die fertige

Gans aus der Pfanne heben, den Saft abgießen und die Gans für mindestens 10 Minuten im Backofen warm stellen. Der Saft wird in einer Kasserolle mit etwas Rotwein oder Suppe und wenig Soßenbinder zu einer leicht molligen, nicht zu fetten Soße verkocht, die nach Geschmack nachgewürzt werden kann. Die Gans tranchieren, auf einer Platte anrichten und mit der Fülle aus Äpfeln und Dörrpflaumen garnieren. Die Soße dazu reichen.

Bei Geflügel muß das Fleisch gut durchgebraten sein. Daher ist am Ende der Bratzeit eine Garprobe nötig. Stechen Sie die Gans mit einem Metallspieß oder einer Bratengabel in die dicksten Fleischteile bei Brust und Keule. Tritt bei dem Einstich ein wasserheller Tropfen aus, dann ist der Braten gar. Ist der austretende Tropfen noch rosig, muß weitergebraten werden.
Bei jedem gebratenen Geflügel, besonders aber bei der Gans, muß die Haut nicht nur die richtige Farbe haben, sondern auch knusprig sein. Um dies sicherzustellen, wenden erfahrene Köchinnen einen Trick an. Ungefähr 10 Minuten vor Ende der Garzeit wird die Gans mit Salzwasser (1 gestrichener Teelöffel Salz auf $^1/_8$ Liter Wasser) bepinselt und anschließend die Oberhitze verstärkt. Nachher soll sie natürlich nicht mehr mit dem Eigensaft beschöpft werden.
Zur Gans werden traditionell Rotkraut und Kartoffelknödel serviert. Aber auch Sauerkraut oder Krautsalat passen gut dazu und vor allem Böhmische Knödel (siehe Seite 166).

Schwedischer Weihnachtsschinken

Der „Julskinka", der Weihnachtsschinken, ist das Prunkstück der schwedischen Festtafel. Die Schweden verwenden dazu einen ganz leicht gepökelten und nur schwach geräucherten Schinken, der erst gekocht und dann überbacken wird.

1 großes Schinkenstück mit Schwarte (ca. 2 kg), je 1 Eßlöffel Wacholderbeeren, Pfeffer- und Pimentkörner (Neugewürz), 1 Eßlöffel ganze Gewürznelken, 1 Lorbeerblatt, (scharfer) Senf zum Bestreichen, 1 Eiweiß, 1 Eßlöffel brauner Zucker, 40 g Semmelbrösel
Zum Garnieren:
pro Person 1 Apfel, Saft von 1 Zitrone, etwa 20 Dörrpflaumen, Gewürznelken

Für die Garnierung Dörrpflaumen 4 bis 5 Stunden in Wasser einweichen, danach im selben Wasser zum Sieden bringen und etwa 15 Minuten ziehen, nicht kochen lassen. Äpfel schälen, Kerngehäuse ausstechen. In Wasser und Zitronensaft bißfest kochen. Für die Garnitur jeweils eine Dörrpflaume oben in einen Apfel stechen.
Den Schinken gut waschen, die Schwarte abbürsten, mit Küchenkrepp abtrocknen. Schinken mit der Schwarte nach oben in einen großen Topf legen, mit Wasser bedecken, Pfeffer-, Pimentkörner, Wacholderbeeren, Gewürznelken und Lorbeerblatt beigeben. Aufkochen und auf kleiner Flamme schwach köcheln lassen. Der Schinken braucht pro Kilogramm Gewicht 1 Stunde Kochzeit, also für 2 kg etwa 2 Stunden. Den fertigen Schinken aus dem Wasser nehmen, abtropfen und abkühlen lassen. Wenn er noch warm ist, die Schwarte mit einem scharfen Messer abziehen, das Fett vom Schinken abkratzen. Nun kommt der Schinken auf ein Backblech, und zwar mit jener Seite, auf der die Schwarte war, nach oben. Backofen bei starker Hitze vorheizen. Eiklar verquirlen. Die Deckseite des Schinkens gut mit Senf bestreichen, darüber das Eiklar streichen. Zucker und Semmelbrösel vermischen und den Schinken damit bestreuen. Nun wird der Schinken im Backofen für etwa 20 Minuten überbacken. Danach in die Oberseite des Schinkens mit einem scharfen Messer große Rauten einschneiden, jede Raute mit einer Gewürznelke bestecken. Den Schinken auf einer Platte anrichten, mit Dörrpflaumen und den Äpfeln garnieren. Die Schweden servieren ihren Schinken auf einem Bett aus grünen Wirsingblättern. Dazu gibt es Apfelmus, frisch geriebenen Meerrettich oder andere pikante Soßen. Oder aber gebratene Kartoffeln und Rotkraut.

Weihnachtslachs „Wintergarten“

Eine Weihnachtsspeise der Pfarrerskköchin

4 daumendicke Lachskoteletts à ca. 200 g oder Lachsfiletstücke von gleichem Gewicht, 1 unbehandelte Zitrone, etwas Mehl, 400 g Karotten, 400 g Sellerieknolle, 1 kleine Stange Lauch, 200 g Schalotten, 1/2 l trockener Weißwein, 1/8 l Wermut extra dry, 1/4 l Schlagsahne (Schlagobers), 5 Eßlöffel Butterschmalz, Salz, weißer Pfeffer, 1 Teelöffel Kapern, 1 großes Lorbeerblatt, 1/2 Suppenwürfel, eventuell etwas Sardellenpaste

Fisch waschen und trockenputzen, die Zitrone dünn schälen, dann halbieren und

auspressen. Die Fischstücke mit dem Zitronensaft beträufeln und in einer Schüssel mindestens eine Stunde marinieren.
100 g der geputzten Karotten und genausoviel geputzte Sellerieknolle in zündholzlange und entsprechend dicke Stiftchen schneiden. Die Gemüsestiftchen in einer Pfanne mit einem halben Löffel Butterschmalz auf kleinem Feuer langsam anrösten und gut durchschwenken. Sie sollen keine Farbe nehmen und gerade bißfest werden, dann zugedeckt warm stellen. Restliches Gemüse grob würfeln, Schalotten schälen und grob hacken, Lauchstange waschen und in dicke Ringe, Zitronenschale in Streifen schneiden.
Die Fische abtropfen lassen, aber nicht trockentupfen. Dann beidseitig salzen, pfeffern und leicht bemehlen. Butterschmalz in einer geräumigen Deckelpfanne erhitzen und die Fische rasch von beiden Seiten je ca. $1^1/_2$ Minuten anbraten. Bei Lachs ist es wichtig, daß er nicht über den Garpunkt hinaus erhitzt wird. Die Fischstücke sollten jetzt also noch nicht ganz durch sein. Fische aus dem Fett nehmen und zugedeckt warm stellen. Im Bratfett die Gemüse anrösten, mit Wein und Wermut ablöschen, Zitronenschale und restlichen Zitronensaft der Fischmarinade, Kapern, Lorbeerblätter und den halben Suppenwürfel zufügen. Pfanne zudecken und das Gemüse bei mittlerer Hitze gar schmoren. Dann den Deckel wieder abnehmen und bei stärkerer Hitze die Flüssigkeit etwas einkochen lassen. Anschließend den ganzen Pfanneninhalt durch ein Spitzsieb seihen, den Sud sorgfältig auffangen. Das Gemüse wird nicht weiterverwendet. Den Gemüse-Fisch-Sud nun neuerlich erwärmen, die Sahne hinzufügen und die so entstandene feine Soße nur mehr bis unter den Kochpunkt erhitzen. Abschmecken und eventuell mit wenig Sardellenpaste nachwürzen, die Soße soll aber mild bleiben. Fischstücke einlegen und kurz fertigdünsten. Beim Anrichten die Fischstücke mit der Soße umkränzen, leicht übergießen und mit der Garnitur aus Karotten und Selleriestiftchen besetzen.
Als Beilagen passen Salzkartoffeln, die längsgeviertelt als sogenannte „Fischkartoffeln" gegart werden, oder körniger Naturreis mit Wildreis gemischt. Optisch und geschmacklich empfehlen sich aber am besten in Butter geschwenkte Tagliatelle verde.

WILDSCHNITZEL IN SOSSE

800 g Reh- oder Hirschkeule, in 4 Schnitzel geschnitten
Für die Marinade:
2 Zwiebeln (in Ringe geschnitten), 1 bis 2 Lorbeerblätter (halbiert), 8 Wacholderbeeren, 1 Eßlöffel Pfefferkörner, Thymian oder auch andere getrocknete Kräuter wie Salbei oder Rosmarin, Öl
Öl zum Braten, 1 große Zwiebel, 1 Knoblauchzehe, 50 g Selchspeck, 2 Eßlöffel Kapern, Schale von je einer halben unbehandelten Zitrone und Orange, 1 Bund Petersilie, 1 Eßlöffel Tomatenmark, 1/2 l Suppe (Wasser mit Suppenwürfel), 1/8 l Rotwein, 1/4 l saure Sahne (Sauerrahm), 1 Eßlöffel Soßenbinder, Saft von je einer halben Zitrone und Orange, 1 Teelöffel Honig
Zum Garnieren:
2 Birnen, etwas Preiselbeerkompott

Das Fleisch für diese Wildschnitzel wird besonders zart, wenn es vor der Zubereitung mariniert wird.

Am Vortag die Schnitzel auf beiden Seiten leicht klopfen. Ein Gefäß wählen, in dem die Schnitzel gerade gut Platz haben, wenn man sie übereinanderschichtet. Auf den Boden des Gefäßes einige Zwiebelringe, Gewürzkörner und Kräuter legen, darauf das erste Schnitzel. Das Fleisch mit einem Löffel Öl begießen und mit Zwiebelringen und Gewürzen bedecken. Darauf kommt das zweite Fleischstück, etwas Öl, Zwiebelringe und Gewürze und so weiter. Das vierte Schnitzel mit den restlichen Gewürzen und Zwiebelringen bedecken, dann das Gefäß vollständig mit Öl aufgießen, so daß auch das oberste Fleischstück mit Öl bedeckt ist. Gefäß mit Deckel oder Alufolie gut verschließen und über Nacht in den Kühlschrank stellen.

Am nächsten Tag Zwiebeln und Knoblauch schälen und fein hacken, Selchspeck in Würfel schneiden, Kapern hacken, Zitronen- und Orangenschale reiben, Petersilie fein hacken. Fleisch aus der Ölmarinade heben, kurz abtropfen lassen, pfeffern und salzen.

In einer Pfanne Öl erhitzen, die Schnitzel darin auf beiden Seiten rasch hellbraun anbraten, nebeneinander in eine Bratpfanne schichten und beiseite stellen. Backofen bei mittlerer Hitze vorheizen. In derselben Pfanne Zwiebeln, Knoblauch und Speck durchrösten, Kapern, Petersilie, Orangen- und Zitronenschale beigeben und kurz mitrösten. Tomatenmark zugeben und mit Rotwein ablöschen. Gut durchrühren, mit Suppe aufgießen und einmal aufkochen. Danach diese

Soße über das Fleisch gießen, die Bratpfanne zudecken, in den Backofen schieben und eine gute Stunde weich dünsten lassen.
Birnen halbieren, Kerngehäuse herausschneiden und etwas Preiselbeerkompott in die Vertiefungen füllen.
Die fertigen Fleischstücke auf eine vorgewärmte Platte legen und warm stellen. Die Soße in eine Kasserolle gießen, Sahne unterrühren, etwas Soßenbinder, Honig, Zitronen- und Orangensaft einrühren und kurz aufkochen. Wenn die Soße nicht ganz glatt ist, sollte sie im Mixer oder mit dem Pürierstab püriert werden. Die Soße über die Wildschnitzel gießen, mit den Birnenhälften garnieren und anrichten.
Zum Wild passen Kartoffelkroketten, Böhmische Knödel (siehe Seite 166), aber auch Teigwaren.

Gefüllte Pute

Eine Weihnachtsspezialität der Pfarrersköchin

Der Truthahn ist wegen seines zarten, fettarmen Fleisches sehr beliebt. In vielen Rezepten wird geraten, den Truthahn mit Speck zu umbinden. Wenn Sie ihn während des Bratens fleißig begießen, ist das nicht nötig.

1 bratfertiger junger Truthahn von maximal 4 kg Gewicht, Salz, Pfeffer, Rosmarin, Butter oder Butterschmalz oder Öl, etwas Suppe, 1/2 Suppenwürfel, Worcestersoße, evtl. etwas Rotwein und 1 Eßlöffel Soßenbinder
Für die Fülle:
6 altbackene Dinkelsemmeln (in Würfel geschnitten), ca. 1/4 l Milch, 3 Eier, Salz, Pfeffer, 150 g Vollkorngrieß (Weizen oder Dinkel), 2 Eßlöffel Sesamkörner, 3 Eßlöffel geschälte Sonnenblumenkerne, 2 Eßlöffel Leinsamen, 1 Bund Petersilie (fein gehackt)
Semmelwürfel mit Milch übergießen, durchmischen und 15 Minuten stehen lassen. Danach Eier, Gewürze, Körner und Petersilie untermischen, Grieß einrühren, gut durcharbeiten und noch einmal 15 Minuten stehen lassen. Wenn die Masse zu weich ist, noch etwas Grieß zusetzen.
Wenn sich die Truthahnleber noch bei den Innereien befindet, so können Sie diese in heißem Fett anrösten, danach grob würfeln und zu den anderen Zutaten der Fülle mischen.

Truthahn innen und außen waschen, gut abtrocknen und mit Salz und Pfeffer würzen. Den Bauchraum mit Rosmarin ausstreuen und die Fülle dicht hineindrücken. Mit einem Holzspießchen gut verschließen. Auch die Halshaut vorsichtig untergreifen und füllen. Ebenfalls mit Holzspießchen zustecken. Flügel und Keulen zusammenbinden, so daß das Tier die Form behält. Truthahn auf allen Seiten mit flüssigem Fett gut bepinseln, mit der Brustseite nach unten in einen Bräter setzen und mit Wasser oder Suppe fingerhoch untergießen. In den vorgeheizten Backofen schieben und bei mittlerer Hitze braten. Bereits nach 10 Minuten mit dem eigenen Saft begießen, das ist gerade zu Beginn der Bratzeit besonders wichtig. Wenn nötig, weitere Flüssigkeit (Suppe) untergießen.
Wenn der Rücken goldbraun ist, Truthahn in der Pfanne umdrehen, so daß die Brustseite nach oben zeigt. Wenn das Fleisch schon durch ist, aber die Haut nicht knusprig, so kann man sie mit leicht gesalzenem Wasser bepinseln und nochmals für 15 Minuten braten. Ist der Braten fertig (pro Kilogramm Fleisch rechnet man 1 schwache Stunde Bratzeit), den Truthahn herausnehmen, auf eine Platte legen und im Backofen warm stellen. Den Bratfond in eine Kasserolle gießen, etwas Suppe zusetzen, mit einem halben Suppenwürfel und einigen Tropfen Worcestersoße verfeinern und kurz aufkochen, abschmecken, nachwürzen. Eventuell etwas Rotwein und einen Eßlöffel Soßenbinder zusetzen, damit der Saft leicht mollig wird.
Dazu passen Rosenkohl (Kohlsprossen), leicht in Butter geschwenkt, und glacierte Maroni (siehe Seite 167).

Kürbislaibchen

1 Kürbis von etwa 1 kg, Salz, Pfeffer, 2 Knoblauchzehen (gepreßt), 3 Eßlöffel Mehl, 2 Eßlöffel Grieß, 250 g Hartkäse oder fester Schafkäse (gerieben), 2 Eier, gehackte Petersilie, Semmelbrösel, Öl zum Ausbraten

Für diese Laibchen empfiehlt sich die Verwendung von Vollkorngrieß und -mehl, da die Vollkornmehle etwas mehr von der Feuchtigkeit des Kürbisses annehmen.
Kürbisfleisch auslösen, von den Kernen befreien und klein raspeln. Ganz leicht salzen und in einem Sieb eine Stunde stehen lassen, damit Flüssigkeit abtropft. Danach das Kürbisfleisch noch in ein Küchentuch schlagen und gut ausdrücken, damit möglichst wenig Flüssigkeit bleibt. In einer Schüssel mit den anderen

Zutaten vermischen und zu einem Teig verarbeiten. Kein Salz mehr zugeben. Kleine Laibchen formen und diese in Semmelbröseln wenden.
In einer Pfanne Öl erhitzen, Laibchen auf beiden Seiten goldbraun braten.
Dazu paßt eine Joghurtsoße, Kartoffeln und Salat. Die Kürbislaibchen eignen sich aber auch als Beilage zu Fleisch- oder Fischspeisen.

Böhmische Knödel

Diese Knödel sind besonders flaumig und ähneln ein wenig den Serviettenknödeln. Böhmische Knödel können auch aus Vollkornmehl zubereitet werden.

350 g Mehl, 1 Ei, 2 Eidotter, 1/8 l Milch, 1 Päckchen Trockenhefe, Salz, 3 altbackene Semmeln (oder eine entsprechende Menge Semmelwürfel), 1 kleine Zwiebel, 2 Eßlöffel Butter, reichlich gehackte Petersilie
In einer Rührschüssel Mehl, Hefe, Salz und Eier gut verrühren und mit den Knethaken des Handmixers zu einem festen Teig verarbeiten. Den Teig zudecken und an einem warmen Ort eine halbe Stunde ruhen lassen. Semmeln in Würfel schneiden, Zwiebel fein hacken. In einer Pfanne Butter erhitzen, Zwiebel kurz anrösten, Semmelwürfel und Petersilie dazugeben, leicht durchrösten, abkühlen lassen und in den Teig kneten. Teig nochmals gut durcharbeiten, weitere 20 Minuten rasten lassen. Eine Arbeitsfläche bemehlen, den Teig darauf legen und – je nach Größe des Kochtopfes – eine oder zwei Rollen formen. Die Rolle sollte nicht zu breit sein, denn der Teig geht beim Kochen nochmals auf. In einem weiten Topf, in dem die Rolle bequem Platz hat, leicht gesalzenes Wasser zum Sieden bringen. Die Knödelrolle ins siedende Wasser legen und ziehen lassen, nicht kochen. Nach etwa 15 Minuten wird die Knödelrolle umgedreht, so daß die Oberseite unten liegt. Nach weiteren 15 Minuten herausnehmen, in Scheiben schneiden und anrichten.

Glacierte Maroni (Kastanien)

Eine ganz einfache und köstliche Speise. Allerdings ist das Schälen der Maroni ein wenig aufwendig. Glacierte Maroni können schon am Vortag zubereitet werden.

500 g Edelkastanien (Maroni), ¼ l Fleischbrühe (Rindsuppe), 1 Eßlöffel Butter, 1 Eßlöffel Honig, 1 Prise Salz, 1 Prise Pfeffer, einige Tropfen Worcestersoße

Backofen bei mittlerer Hitze vorheizen. Die Maronischalen mit einem scharfen Messer kreuzförmig einschneiden. Darauf achten, daß die Schale nicht nur angeschnitten, sondern tatsächlich durchtrennt ist. Maroni mit dem Schnitt nach oben auf das Backblech legen (nicht einfetten!), Blech gut mit kaltem Wasser bespritzen und für etwa 10 Minuten in den heißen Ofen schieben. Danach lassen sich die Schalen gut ablösen.

In einem Topf, in dem alle Maroni Platz haben, Butter und Honig auf kleiner Flamme zergehen lassen. Maroni dazugeben und darin glacieren, dabei gut umrühren. Nach einigen Minuten mit Fleischbrühe aufgießen, Worcestersoße, Salz, Pfeffer beifügen. Auf kleinster Flamme langsam weich dünsten. Dabei wird sich die Flüssigkeit einkochen. Während dieser 15 bis 20 Minuten Garzeit immer wieder vorsichtig umrühren. Bei Gasherden empfiehlt es sich, den Topf auf eine Platte zu stellen, die Gefahr des Anbrennens ist dann geringer.

Orangendessert

4 unbehandelte Orangen, Saft von 1 Orange, ⅛ l Grenadinesirup, 30 g brauner Zucker, evtl. 1 Glas Weinbrand

3 der Orangen mit dem Sparschäler ganz dünn abschälen, die Schalen in feine Streifen schneiden. Anschließend alle 4 geschälten Orangen mit einem scharfen Messer filetieren. Dazu werden die Orangenspalten völlig von den weißen Häuten befreit. Arbeiten Sie dabei über einer Schüssel und einem Sieb, so daß der Saft aufgefangen wird. Orangenfilets in eine Schüssel legen.

Die Orangenschalen in einer Kasserolle mit Sirup und dem Orangensaft übergießen, Zucker beifügen und 2 bis 3 Minuten ganz sanft köcheln lassen. Flüssigkeit über die Orangenfilets gießen. Eventuell 1 Glas Weinbrand beifügen. Vorsichtig untermischen. Die Orangen sollten nun für mindestens 2 bis 3 Stunden gut zugedeckt, aber nicht kühl stehen bleiben.

Zitronencreme

200 g Quark (Topfen) (fein passiert), 100 g Zucker, 2 Eidotter, Saft von 2 Zitronen und 2 Limetten, Schale von 1 unbehandelten Zitrone, 1/4 l Schlagsahne (Schlagobers), evtl. 1 Likörglas Zitronenlikör, 2 Blatt Gelatine
Für die Garnitur:
Cocktailkirschen oder auch Preiselbeermarmelade, Mandelsplitter oder Pinienkerne, auch gehackte Kürbiskerne
Zucker in eine Schale sieben, Zitronenschale darüber reiben und eine halbe Stunde stehen lassen, danach mit dem Zitronen- und Limettensaft übergießen. Quark in einer Schüssel mit Dottern und Likör schaumig rühren. In einer anderen Schüssel Schlagsahne steif schlagen und unter die Quarkmasse rühren. Gelatine in kaltem Wasser kurz einweichen, herausnehmen, mit wenig Wasser in einem Topf erhitzen, bis die Gelatine aufgelöst ist. 2 Eßlöffel der Creme einrühren und gut vermischen, dann diese Flüssigkeit unter die restliche Creme rühren. In Schüsselchen füllen und für zwei Stunden kühl stellen. Vor dem Servieren garnieren.

Überbackene Birnen

2 große oder 4 kleine Birnen, Saft von 1 Zitrone, 2 Eßlöffel Zucker, 4 (bzw. 8) Teelöffel Preiselbeermarmelade, 3 Eiklar, 2 Eßlöffel Mandelblättchen, 50 g Staubzucker, Butter für die Form, Staubzucker zum Bestreuen
Birnen schälen, halbieren, Kerngehäuse entfernen. Mit Zitronensaft beträufeln und in Zuckerwasser kurz überkochen. (Dieser Vorgang dient nur dazu, daß die Birnen nicht schnell braun werden.) Birnen herausheben und abtropfen lassen. Die Vertiefungen mit Preiselbeermarmelade füllen. Eine Gratinierform mit Butter einfetten, Backofen bei mittlerer Hitze vorheizen. Birnen in die Form legen, im Ofen etwa 15 Minuten garen lassen. Eiklar mit Staubzucker steif schlagen. Auf den Birnen verteilen, Mandelblättchen darüber streuen und alles mit ein wenig Staubzucker bestäuben. Die Birnen noch einmal kurze Zeit (höchstens 5 Minuten) in den Backofen schieben, so daß die Oberfläche goldbraun wird. Heiß servieren.

Mohnnudeln

Eine Speise, die eigentlich aus Böhmen kommt. Das gehaltvolle Dessert ist vor allem bei Kindern sehr beliebt und kann auch als eigenes Hauptgericht nach einer kräftigen Suppe gereicht werden.

Kartoffelteig aus 1 kg gekochten, geschälten Kartoffeln, 1 Teelöffel Salz, 200 g Kartoffelmehl und 1 Handvoll Grieß, aber auch fertiger Kartoffelteig), 150 g geriebener Mohn, 1 Eßlöffel Honig, 1 Eßlöffel Butter, Zucker zum Bestreuen

Butter in einer Pfanne zerlaufen lassen, Mohn und Honig einrühren und kurz durchrösten. Beiseite stellen, aber kurz, bevor die Nudeln darin geschwenkt werden, nochmals erwärmen.

Die noch heiß gepreßten Kartoffeln mit den anderen Zutaten zu einem Teig vermengen oder fertigen Kartoffelteig laut Angabe auf der Packung bereiten und in mehrere Teile teilen. Daraus auf einer bemehlten Arbeitsfläche Rollen formen. Von diesen Rollen Stücke von etwa 5 Zentimeter Länge abtrennen und mit den Händen zu kleinen Würstchen, „Nudeln", rollen. Diese Nudeln in kochendes Salzwasser einlegen und etwa 8 Minuten sieden, nicht kochen. Nudeln vorsichtig abseihen, kurz mit kaltem Wasser abspülen, abtropfen lassen und in die Mohnmischung geben. Gut durchschwenken, auf kleinen Tellern anrichten und mit Zucker bestreuen.

Mandel- und Nuß-Reibmaschine

Gedanken

zur Gastfreundschaft

Der Herr erschien Abraham bei den Eichen von Mamre. Abraham saß zur Zeit der Mittagshitze am Zelteingang. Er blickte auf und sah vor sich drei Männer stehen. Als er sie sah, lief er ihnen vom Zelteingang aus entgegen, warf sich zur Erde nieder und sagte: Mein Herr, wenn ich dein Wohlwollen gefunden habe, geh doch an deinem Knecht nicht vorbei! Man wird etwas Wasser holen; dann könnt ihr euch die Füße waschen und euch unter dem Baum ausruhen. Ich will einen Bissen Brot holen, und ihr könnt dann nach einer kleinen Stärkung weitergehen; denn deshalb seid ihr doch bei eurem Knecht vorbeigekommen. Sie erwiderten: Tu, wie du gesagt hast. Da lief Abraham eiligst ins Zelt zu Sara und rief: Schnell drei Sea feines Mehl! Rühr es an, und backe Brotfladen! Er lief weiter zum Vieh, nahm ein zartes, prächtiges Kalb und übergab es dem Jungknecht, der es schnell zubereitete. Dann nahm Abraham Butter, Milch und das Kalb, das er hatte zubereiten lassen, und setzte es ihnen vor. Er wartete ihnen unter dem Baum auf, während sie aßen.

Genesis 18, 1–8

Die Schilderung aus dem 18. Kapitel der Genesis wurde das Motiv zu einer der schönsten und innigsten Ikonen, die die griechische oder russische Literatur kennt. Ich für mich nenne sie das „Bild der großen Gastfreundschaft". Der Inhalt verrät schon die wichtigsten Strukturen einer echten Gastfreundschaft, aber auch der Bedingungen für ein Fest. Gastfreundschaft beruht auf der bewußten Fähigkeit des Menschen, einen Fremden zum Freund machen zu wollen. Und wie die Geschichte zeigt, geht das am trefflichsten mit dem Essen. Daß sich der Fremde „häuslich" niederlassen darf, schafft die Bedingung dafür, daß aus dem flüchtigen

„Small talk" ein intensiveres Gespräch werden kann – und genau das geschieht. Dabei wird der Gast nicht befragt, was er zum eigenen Verzehr und als Gastgeschenk mitgebracht habe, sondern der Gastgeber bietet das Beste an, was er zur Verfügung hat; ein Umstand, den wir in der Erzählung vom verlorenen Sohn noch einmal entdecken können: Einem Freund ist für den Freund das Beste gerade gut genug.

Was mir besonders gut an der Geschichte gefällt, ist Sara, die Frau, die in Erinnerung bringt, daß zur Errichtung eines Zeltlagers zwar 1000 Männer nötig sind, daß es aber, um das Leben in einem einzigen Zelt zu organisieren, eine Frau braucht. Womöglich auch eine Frau, die darüber lächeln kann, was Männer so Wichtiges zu bereden haben.

Von seiten des Mannes aber ergibt sich die Frage, wie der Fremde zum Freund wird. Als Antwort scheint uns die Gastfreundschaft an erster Stelle zu stehen. Der Ausgesetzte, der Fremde spürt plötzlich: Hier wird mir Heimat angeboten, hier kann ich meinen Hunger stillen, und es wird keine Gegenleistung erwartet, denn ich werde in meiner Bedürftigkeit verstanden. Und wenn in unserem Falle die Deutung möglich ist, daß es sich bei den Fremden um eine Gotteserfahrung handelt, dann bedeutet das: Gott nimmt den Kontakt mit dem Menschen über den *Fremden* auf, über einen Fremden, der die Gastfreundschaft selbst ist, und der große Einladende läßt sich einladen und ißt von den Dingen, die der Mensch ihm darbietet. Und indem Er beim Menschen ißt, kommt eine neue Zusammengehörigkeit zustande, mit dem Menschen essen bedeutet von der Seite Gottes zugleich einen Bund zu schließen, sich so zu zeigen, daß Zusammengehörigkeit erst möglich wird. Beim letzten Abendmahl des Jesus von Nazaret mit seinen Jüngern erreicht diese Art Gottes, Bündnisse einzugehen, den Höhepunkt, indem er sagt: „Sehnlichst habe ich danach verlangt, dies Osterlamm mit euch zu essen, bevor ich leide." Des Messias größter Wunsch ist ein Festessen mit seinen Freunden, wobei jetzt lange nachzudenken wäre, was nun „christliche" Freundschaft ist. Eine solche Erwägung sprengt den Rahmen dieses Buches, aber ein einfaches Fazit läßt sich ziehen: Seine Freunde werden die sein, die seiner Einladung, mit ihm ein Fest zu feiern, gerne folgen.

Brot und Salz, Wein, Wasser und grünes Öl

Kostbarkeiten auf dem Tisch der Menschheit

Feste und die dazugehörigen Festspeisen haben in der Kulturgeschichte der Menschheit einerseits starke gemeinsame Wurzeln, andererseits vielfältige rituelle und kulinarische Formen und Ausprägungen. Dahinter stehen selbstverständlich die sehr unterschiedlichen Lebensumstände, die im wahrsten Sinne des Wortes weit auseinandergehenden Kulturen menschlicher Gemeinschaften. Das Wort Kultur stammt ja vom lateinischen „cultura“ ab und bedeutet daher ursprünglich „Ackerbau“. Seßhafte Bauern, deren Lebensgrundlage Viehzucht und Feldbau geworden ist, haben daher andere Festspeisen als nomadische Hirtenvölker, arktische Jäger andere Lieblingsspeisen als Menschen des tropischen Urwalds.

Historische Speisekarten

So scheint sich auf den ersten Blick ein riesiger, abwechslungsreicher Festtisch zu präsentieren. Wer die alten Kulturwerke der Menschheit durchforscht, wird immer auch auf die jeweiligen Essensgewohnheiten in besonderen Situationen stoßen. Insbesondere das Alte und das Neue Testament bieten in seinen großen Szenen, Geschichten und Episoden geradezu historische Speisekarten an. Im Paradies dürfte es der Erzählung nach noch rein vegetarische Kost gegeben haben. Denn der symbolische Stein des Anstoßes für den Sündenfall war ein schlichter Apfel. Wenn auch von einem besonderen, einem verbotenen Baum. Im unheilvollen Konflikt zwischen Kain und Abel erzählt uns die Bibel schon vom Fleisch eines Stieres und von Korngarben, die dem allerhöchsten Gott geopfert werden. Korn und Fleisch waren also bereits zu den Ernährungsgrundlagen der Menschen geworden. Das erste Staatsbankett hatte offensichtlich dieselben Nahrungsmittelgrundlagen. Denn der Stammvater Abraham, der bei den Eichen von Mamre den Herrn und zwei Engel als persönliche Gäste empfängt und reich bewirtet, läßt dafür ein fettes Stierkalb schlachten und drei Sea – ein gutes Maß – feinstes Mehl heranschaffen. Dieses Mehl, aus dem frisches Fladenbrot gebacken wurde, war für die Hirtenstämme zu Abrahams Zeiten Handelsware, die sie in den Städten Kanaans, deren Existenz auf bäuerlicher Lebensform beruhten, durch Tauschhandel einkaufen mußten. Der Fürst Abraham bot daher seinen Gästen sowohl das Beste als auch das Teuerste aus seinem Besitz zur Speise.

Vom Linsengericht, um das Esau sein Erstgeburtsrecht verschenkt, bis zu den Kornkammern Ägyptens, vom wundersamen Manna der Wüste bis zur riesengroßen Weintraube, die aus dem Gelobten Land, in dem Milch und Honig fließen, als Zeichen der Fruchtbarkeit gebracht wird, erzählt das Alte Testament.

Die Evangelien des Neuen Testaments schildern dann in plastischen und bunten Bildern Hochzeiten und Festmahle, Wunder und Zeichen, die sich ums Essen drehen, von Wein wird erzählt, der zu Wasser gewandelt wird, von Brot und Fischen, die bei der Bergpredigt fünftausend hungrige Zuhörer speisen, und als Höhepunkt vom Seder-Mahl vor jenem Passahfest in Jerusalem, bei dem Jesus Christus vor seinem Opfertod die ungesäuerten Brote, die Mazzoth, und den letzten Becher Wein durch seinen Segen zum Gedenkopfer für seine Apostel widmet. Als er ihnen nach der Auferstehung wieder erscheint, wird uns wiederum vom gemeinsamen Mahl berichtet. Überhaupt hat dieser Jesus aus Nazaret seinen Jüngern den Himmel als nicht enden wollendes Fest beschrieben. Es ist also nicht überraschend, daß die elementaren Speisen der Menschheit in die christliche Liturgie und in die Sakramente unverzichtbar eingegangen sind.

Die Hochzeit zu Kana

Das erste Geschenk – das Wasser

Das erste davon, das uns als biologische Lebensgrundlage selbstverständlich ist, ist das Wasser. Als Voraussetzung und Quelle der belebten Natur war es den Menschen schon in der frühesten Zeit heilig. Bereits die einfachsten und ältesten mythischen Vorstellungen haben Quellen, Bächen und Brunnen zu verehrende Schutzgeister, wie Nixen oder Nymphen, zugeordnet; und Flüsse und Ströme sogar zu Gottheiten erklärt. Bis heute läßt sich nachweisen, daß viele Kultstätten, ja die meisten christlichen Kirchen, an Orten stehen, die in der Frühzeit der Menschen Quellheiligtümer waren. Und es ist spannend, von Wissenschaftlern und Geologen zu erfahren, daß unter vielen Kanzeln in Kirchen und Domen sich noch immer in der Tiefe des Bodens liegende gekreuzte Wasseradern nachweisen lassen. Über gekreuzten Wasseradern, heißt es, sollen Menschen als geistige Wesen leichter Zugang zum Übersinnlichen finden. Ein Umstand, der Kanzelrednern und Predigern ja nur von Vorteil sein kann.

Die Bibel spricht in vielen Vergleichen vom lebendigen Wasser. Damit ist Quell- oder Brunnenwasser gemeint, das frisch aus dem Boden strömt; im Gegensatz zum Zisternenwasser, das gesammeltes Regenwasser ist. Die Zisterne wurde zum Symbol des Wissens, denn der jüdische Talmud sagt, daß ein guter Schüler wie eine Zisterne sei, in der kein Tropfen des gesammelten Wissens versiege. Das lebendige Wasser, das rein und fließend immer neu aus der Quelle strömt, wurde zum Symbol des Lebens und der geistigen Reinheit. Bis heute ist bei vielen Menschen, die in heißen Ländern leben oder dort geboren sind, ein Glas reinen Wassers das erste und wichtigste Angebot und Geschenk an einen Gast. Diese Geste lebt noch in der Phrase nach, jemand hätte „nicht einmal ein Glas Wasser angeboten bekommen" – was die gröblichste Verletzung von Gastgeberpflichten ausdrückt.

Überhaupt scheint auch heute noch das bereitgestellte Wasserglas ein Symbol des Willkommens zu sein. Redner und Podiumsdiskutanten finden es bei Veranstaltungen an ihren Plätzen so selbstverständlich wie das heute so unverzichtbare Mikrophon. Die Tatsache, daß das Wasser zum Befeuchten der Kehle bereitgestellt ist, ist nur eine vordergründige Erklärung. Denn auch an einer Festtafel, an

Konferenztischen, beim traulichen Souper ist das Tafelwasser unverzichtbar; im weit bedeutenderen Sinne als nur zum Durstlöschen. Frisches, klares Wasser, das in der Liturgie als geweihtes Wasser der symbolischen Läuterung und Reinigung dient, ist daher heute noch im zwischenmenschlichen Bereich ein schlichtes Zeichen für möglichst ungetrübtes Zusammensein.

Die Speise der Gemeinschaft – das Brot

Anhand der Geschichte des Brotes kann man eine der bedeutendsten kulturgeschichtlichen Entwicklungen der Menschheit verfolgen. Im Prinzip ist das Brot die Grundlage für alles Große und Weltverändernde, das die Menschheit im Laufe ihrer Geschichte überhaupt schaffen konnte. Der Bau der ägyptischen Pyramiden, der griechischen Tempel, des römischen Straßennetzes, der mittelalterlichen Kathedralen wäre nicht möglich gewesen ohne das Grundnahrungsmittel Brot.

Wie und wo dieses Hauptnahrungsmittel des Menschen erfunden wurde, das liegt im Dunkel der Geschichte. Sicherlich haben schon die herumziehenden Wildbeuter irgendwann entdeckt, daß es bestimmte Grassamen gibt, die man essen kann und die sogar nahrhaft sind. Um diese wilden Getreidesorten genußfähig zu machen, wurden die Körner im Feuer geröstet. Es wird wohl Tausende Jahre gedauert haben, bis der Ackerbau und die damit verbundene Veredelung der Getreidesorten für die seßhaft gewordenen Menschen die wichtigste Lebensgrundlage wurde. Die Archäologen nehmen heute an, daß die kulturelle Entwicklung zum Bauern sich aus Mittelasien nach Europa ausgebreitet hat. Und mit dem Anbau der ersten Getreidesorten hatte der Mensch auch gelernt, das geerntete Korn zu einem effizienten Nahrungsmittel zu verarbeiten. Das Vermahlen des Korns zu grobem Mehl war unendlich mühsame, händische Arbeit. Frauen, die auf den Knien hockten, zerrieben die Körner mit einem Mahlstein auf einer ebenfalls steinernen Platte. Um den täglichen Mehlbedarf für die Familiengruppe zu erzeugen, waren viele Stunden in dieser qualvollen Stellung nötig. An weiblichen Skeletten aus der Jungsteinzeit wurden Veränderungen durch diese lebenslange Arbeit festgestellt, die den frühgeschichtlichen Müllerinnen zeit ihres Lebens auch schreckliche Schmerzen bereitet haben mußten. Die Weiterverarbeitung des Mehls erfolgte durch Vermischung mit Wasser, vielleicht auch Milch, mit Salz oder Kräutern zu einem dicklichen Brei. Erst nach Erfindung der

Keramik wurde es möglich, diesen Brei zu verkochen. Vorher dürfte der Brei entweder kalt gegessen oder auf Steinplatten ausgestrichen und durch Trocknen verfestigt worden sein. Die nächste Entdeckung lag darin, daß dieser Brei auf erhitzten Steinen nicht nur schneller fest wurde, sondern auch einen weit besseren Geschmack erzielte und außerdem nach dieser „Schnelltrocknung" auch noch längere Zeit aufbewahrt und als Proviant mitgenommen werden konnte. Damit war das Backen von Fladenbrot, wie es im Orient bis heute noch üblich ist, erfunden.

Die nächste Innovation war der Sauerteig. Es wird wohl oft geschehen sein, daß der angerührte Brei durch Bakterien aus der Luft in Gärung geriet, im ersten Moment also verdorben schien. Daß das Backen des Brotes mit einem Teil dieses „verdorbenen" Teiges in einem neu angerührten Teig plötzlich eine ganz andere Qualität brachte, wurde wahrscheinlich experimentell herausgefunden. Es mag Hunderte von Jahren gedauert haben, bis daraus eine aus Erfahrung gesicherte Methode zum Backen von Brot wurde, das vom Sauerteig aufgelockert war und dessen Geschmack für die Gaumen der Brotesser nun unverzichtbar wurde. Rund sechstausend Jahre ist die Geschichte des Sauerteigbrotes alt. Früher meinten die Historiker, diese Art von Brot sei in den Hochkulturen Ägyptens entwickelt worden. Das ist einerseits nicht falsch, andererseits ist aber die ägyptische sicher nicht die einzige Kultur, die das Brotbacken zur Kunst gemacht hat. In der sogenannten ägyptischen Gefangenschaft haben die Juden das Brotbacken mit Sauerteig übernommen. Und beim Exodus, bei der Flucht aus dem Lande

Gosen, so wird in der Bibel erzählt, war keine Zeit mehr für die nötige Gärung des angesetzten Brotteiges. So mußte das Brot ungesäuert zu Fladen gebacken werden. Beim jüdischen Osterfest, dem Passah, werden zur Erinnerung daran ungesäuerte Brote gegessen. Über das letzte Abendmahl des Rabbi Jesus aus Nazaret kamen die ungesäuerten, runden Fladenbrote in die christliche Eucharistie. Die Hostien der heiligen Kommunion sind kulturgeschichtlich noch immer Symbole des alten orientalischen Fladenbrotes.

Brot in vielfältigsten Formen war das Grundnahrungsmittel der Völker der Bibel. Es wurde daher auch schon früh zu einer wichtigen Opfergabe und zum Symbol des Lebens selbst. Nicht zufällig findet sich die Formulierung „Brot des Lebens" in vielerlei Bedeutung in der alten wie auch in der neuen Bibel. Auch die geistige Nahrung des Menschen wurde mit dem Begriff Brot definiert. Die Juden nennen die fünf Bücher Mose „Brot". Und dementsprechend bezeichnet der Evangelist Johannes auch Christus als „Brot der Menschheit".

In allen Kulturen über den ganzen Erdball finden sich ums Brot religiöses Denken, magische Vorstellungen, Mythen, Legenden und Märchen; und dazu noch unzählige Sitten und Gebräuche, bei denen das Brot in den Mittelpunkt gestellt und hoch verehrt wird. Brot wurde auch in nichtreligiösen Denksystemen zum Synonym für das Leben. „Brot und Arbeit" war die wichtigste Parole und Hauptforderung der sozialistischen Bewegung. Vom „guten Brot" ist in der Dichtung vom Mittelalter bis zur Moderne immer wieder die Rede, oder vom „harten Brot", vom „kargen Brot", vom „trockenen Brot" der Armut und der Gefangenschaft.

Heute scheinen für uns Brot und Gebäck eine unbegrenzt angebotene Selbstverständlichkeit zu sein. Denn Agrar- und Nahrungsmittelindustrie haben für den Menschen des Elektronikzeitalters die elementare Bindung von der Feldarbeit zum Genuß eines Stück Brotes längst aufgehoben. Im Überfluß der Nahrungsmittel wird dann auch vergessen, daß weltweit gesehen nur rund ein Drittel der Menschen das gesicherte „tägliche Brot" haben. Geschichtlich wie auch symbolisch ist aber das Brot ein Kulturprodukt, das menschliche Gemeinschaft voraussetzt und bedeutet. Schon in der Vorgeschichte, aber letztlich auch bis heute, ist es bei der Herstellung von Brot wichtig, daß Menschen miteinander arbeiten. Umgekehrt beschreibt die Frage, wer mit wem „das Brot teilt" auch die Situation, wer mit wem in Gemeinsamkeit lebt. Man kann die Zeile „Wes' Brot ich ess', des' Lied ich sing'" auch anders verstehen, nämlich positiv. Denn wenn es gute Brote gibt, dann können ja auch schöne Lieder gesungen werden.

Das Brot im Mittelpunkt der Tafel, das Brot, das also verteilt wird, beschreibt eigentlich die Zusammengehörigkeit der Tischgemeinschaft. Es ist mehr als nur ein religiös-mystisches, es ist ein konkretes, soziales Zeichen. Und wenn sich im Brotkorb unter den vielfältigen und delikatesten Gebäckstücken auch eine Brezel findet, dann wird der Kenner auch wieder an die tiefe Beziehung zum Brot erinnert. Die Brezel, das Symbol der Bäckerzunft bis heute, stammt in ihrer Form aus den mittelalterlichen Gebildebroten, die in den Kirchen geweiht wurden. Und wer eine Brezel richtig betrachtet – mit dem großen Bogen nach oben und den beiden kleinen Bögen nach unten – der versteht auch ihre Form. Es sind die betenden Hände des Menschen.

Das Getränk der Liebe – der Wein

Die ersten Weinreben, die zur Veredlung gebracht wurden, stammen wahrscheinlich von den Hängen des Kaukasus. Wein wurde in allen klimatisch geeigneten Landschaften schon einige tausend Jahre vor unserer Zeitrechnung kultiviert und zum Genußmittel gekeltert. In biblischen Zeiten war er bereits über den gesamten fruchtbaren Nahen Osten verbreitet. Das Judentum hatte den Weinstock sogar zum Symbol für das ganze Volk erhoben. Im herodianischen Tempel zierte ein Relief, das einen fruchttragenden Weinstock zeigte, den Eingang zum Allerheiligsten. Der Weinberg und alles, was sich auf ihm und um ihn abspielt, wurde daher auch in den Evangelien zu einem Hauptmotiv.

Wein war in der Antike weit mehr als nur ein Genußmittel. Wein galt als Grundnahrungsmittel. Zum Sold römischer Legionäre gehörte nicht nur ein tägliches Maß Getreide, sondern auch ein entsprechendes Quantum Wein. Wein in Schläuchen und Amphoren war weltweit verhandelte Ware, wurde in Karawanen und Schiffsladungen durch das ganze Römische Imperium transportiert. Die Weinproduzenten, die Weinbauern der Antike, waren wohlhabende Menschen. Weingüter wurden meist von Großgrundbesitzern gehalten und mit Hunderten von Arbeitssklaven betrieben. Denn der Weinbau ist im Vergleich zum herkömmlichen Ackerbau eine aufwendige und investitionsfordernde Sache. Es dauert einige Jahre, bis neugepflanzte Rebstöcke entsprechende Frucht bringen, der Wein ist auch in den besten Lagen so wetter- und umweltabhängig, daß er nicht jedes Jahr reiche Ernte bringt, und die Pflege eines Weingartens brauchte früher über das ganze Jahr unzählige Hände. Kein Wunder, daß bis in die frühe Antike hinein schon Nachrichten vom Betrug mit Wein erhalten sind. Da wurde gepanscht, verschnitten, gefälscht, sogar künstlich hergestellt, daß man meint, es seien moderne, internationale Weinkriminelle am Werk gewesen.
Vor allem die Griechen und die Römer hatten ihre besonderen und ausgiebigen Weinsitten und Trinkkulturen. Doch kein Symposion, kein Trinkgelage, kein auch nur einfacher Genuß eines Bechers Wein kam in Frage, ohne dieses Getränk den jeweiligen Gottheiten zu opfern. Ein Teil des ersten Bechers wurde dafür zur Erde gegossen. Über viele Veränderungen und Wandlungen hinweg ist diese Sitte auch heute noch bei uns im Anstoßen mit dem ersten Weinglas erhalten geblieben. Und in den Zurufen „Prosit“, „cheers“, „à votre santé“, „na starowje“ etc. leben noch die antiken griechischen oder lateinischen Segenssprüche für das erste Weinopfer fort.
Wie eng die Verbindung des edlen Getränkes Wein mit dem Wasser im Alltag der Menschen war, beweist die Tatsache, daß Wein nicht unverdünnt getrunken wurde. Die Weine der vorbiblischen und der biblischen Zeiten waren süß und ungemein schwer. Sie mußten auch so gekeltert sein, daß sie fast die Konsistenz von Likören hatten, denn das garantierte ihre Haltbarkeit. Die heutigen leichten und eleganten Weine wären nämlich unter den damaligen Lager- und Transportbedingungen binnen kürzester Zeit verdorben. Das Trinken unverdünnten Weines galt bei den antiken Völkern als unzivilisiert. Der Tadel traf vor allem unsere eigentlichen Vorfahren, nämlich die keltischen und germanischen Völker. Diese „Waldbarbaren“ waren nämlich ganz wild auf den italischen Falerner, die griechischen Süßweine und die guten iberischen Tropfen. Für eine Amphore Wein

zahlten sie mit einem Sklaven und scheuten sich wahrscheinlich nicht, auch gleich die nächsten Verwandten dafür einzutauschen. Das störte die römischen Händler nicht, aber daß manche der nordischen Durstigen die Amphoren gleich unverdünnt auspichelten, das hielten sie doch für zu „bäurisch".

Die Archäologen haben aber wiederum Trinkgefäße aus keltischen Gräbern geborgen, auf denen in schönen Reliefs gezeigt wird, daß die Keltenfürsten ebenfalls vom eleganten Weinkonsum wußten. Der Wein wurde in sogenannten „Situlen" – Mischgefäßen – mit Wasser verdünnt und höchstwahrscheinlich auch mit Kräutern und Früchten angesetzt. Denn für das Ausgießen in die Trinkbecher gab es eigene Siebe.

Und so wurde im gesamten antiken Weltkreis der Wein genossen. Immer mit Wasser gemischt, manchmal auch mit besonderen Zusätzen, wie feinen Kräutern, Honig oder sogar Duftessenzen, veredelt. Die typisch römische Mischung des Weißweins mit Honig, der „mulus", galt als besonders gesundheitsfördernd, der bittere Wein wurde durch Zusatz von Wermut erzeugt, war als appetitanregend bekannt, und besondere Feinschmecker würzten den Wein mit einer guten Prise Pfeffer, was äußerst exquisit und extravagant war. Die einfachen Bürger, die Handwerker und Bauern, die kleinen Leute tranken den Wein, den sie sich leisten konnten, wohl sparsam und daher mit zwei Teilen Wasser vermischt.

Für die Weinmischung war bei größeren Festen der sogenannte Speisemeister verantwortlich. Bei den griechischen Trinkgelagen wurde er als Symposiarch von den Zechern gewählt oder bestimmt. Die richtige Mischung der Weinkrüge, die richtige Abfolge der Weinqualitäten, die Einhaltung des Rituals, das alles war ja auch eine hohe Kunst. Das erste Wunder des Jesus aus Nazaret zeigt, daß auch bei den Juden der Wein nicht pur getrunken wurde. Denn bei der Hochzeit von Kana sind plötzlich die bereitgestellten Weinkrüge leer, nur Wasserkrüge sind noch vorrätig.

Übrigens galt der Wein Palästinas bei den Römern als nicht gut. Dies war mit ein Grund, eine Versetzung als Offizier oder Beamter in die Provinz Judäa als Strafe zu empfinden. Zur Zeit Jesu wurde der Wein in Palästina hauptsächlich in Schläuchen – zusammengenähten Tierfellen – vergoren und gelagert. Das Gleichnis Jesu vom neuen Wein in neuen Schläuchen erinnert daran.
Wie das Brot kam auch der Wein in die christliche Eucharistie. Und mit den Marschtritten römischer Kohorten und Legionen kam nicht nur der Weinbau nach Mitteleuropa, sondern auch der neue Glaube an den wiederauferstandenen Messias. Nach den Stürmen der Völkerwanderung haben dann vor allem die Klöster die Weinkulturen wiederaufgebaut, wobei die Reben und die Techniken der Weinkellerei aus Südfrankreich an die Ufer von Donau und Rhein gebracht wurden. In vielen Bereichen des Lebens wird auch heute zum Zeichen der besonderen Feierlichkeit Wein geschenkt. Die gastronomische und kulinarische Bedeutung des Weins braucht wohl nicht detailliert erörtert zu werden. Und auf die soziale und medizinische Problematik des Alkoholgenusses braucht hier nicht ein pädagogischer Finger gelegt zu werden. Denn Weinseligkeit hat in Wahrheit nichts mit Trunkenheit zu tun. Zweifellos ist der Wein eines der alten mystischen Getränke der Menschheit. Und wenn er eine Tafel ziert, dann gibt er auch dem bewußten Antialkoholiker, der lieber ein Glas gutes Wasser trinkt, die alte Botschaft von liebevoller Zuwendung.

Das Lebensmittel des Friedens, der Reinheit und der Heilung – das Olivenöl

Zwei Ölzweige im Schnabel der Taube zeigten am Ende der Sintflut dem Noah an, daß Land in der Nähe ist. Das war für Noah, seine Familie und die vielen Tiere an Bord der Arche das Zeichen der Rettung und des neuen Friedens, der zwischen dem zürnenden Gott und der winzigen Gruppe von überlebenden Menschen somit anbrach. Die Arche des Noah landete auf dem Berg Ararat, der Legende nach also möglicherweise im Kaukasus. Und wahrscheinlich stammen auch von dort die Ölbäume. Die Olivenbäume haben sich in Tausenden von Jahren von Mittelasien aus in und um den ganzen Mittelmeerraum ausgebreitet. Höchstwahrscheinlich durch gezielte Kultivierung und Pflanzung durch den Menschen, der die Hochwertigkeit der Olivenfrüchte dieses langlebigen Baums natürlich erkannte; und gelernt hatte, die Oliven nicht nur als Nahrungsmittel zu

genießen, sondern aus ihnen das Öl zu gewinnen, das für so vieles unersetzlich wurde – nicht nur für die Zubereitung von Speisen, sondern auch als wichtiger Brennstoff. Und zwar für Lichter und Lampen. Tausende Jahre lang war die Öllampe die einzige saubere, transportierbare und problemlos zu handhabende Innenbeleuchtung. In biblischen Zeiten wurde die Öllampe auch zum Symbol des Wissens oder – zum Beispiel im Gleichnis von den törichten Jungfrauen – zum Instrument unsinnigen Handelns.
Auch der Besitz von Olivenhainen oder eines sogenannten Ölberges war den Reichen und Wohlhabenden vorbehalten. Olivenbäume sind langlebig, es gibt heute noch viele sogenannte tausendjährige Ölbäume, die aber meist nur einige hundert Jahre alt sind. Es dauert lange, bis aus einem neugepflanzten Ölbaum ein fruchtbringender geworden ist. Da muß man viele Jahre Kapital investieren, bis die ersten Gewinne fließen. Dann aber zahlte sich auch in der Antike das Geschäft aus. Denn Olivenöl wurde in seinen verschiedenen Qualitäten immer zu guten Preisen gehandelt.
Auch damals gab es schon mindestens zwei Qualitätsstufen. Die reifen Oliven wurden in einer sogenannten Ölmühle grob geschrotet und dann in Körbe gefüllt, aus denen ohne Einwirkung von außen dann das Olivenöl herauszusikkern begann. Damit wurde die höchste Qualitätsstufe gewonnen. Das Auspressen und Filtern des Öls durch das Korbgeflecht ergab dann die zweite, minderere Qualitätsstufe. Lampenöl wurde aus der zweiten oder aus der dritten Pressung gewonnen. Da das Lampenöl lange aufbewahrt wurde und es dabei oft vorkam, daß es ranzig wurde, versetzte man es mit Duftstoffen und Essenzen, die den unangenehmen Geruch zudecken sollten.

Die nächste wichtige Verwendung von Öl war bis zum Ende der Spätantike sein Einsatz für die Körperpflege und für die Reinigung. Wenn sich einer nach Tagesmühe und Plage vom Arbeitsschmutz zu säubern hatte, so konnte er selbstverständlich in den Städten ein Bad aufsuchen. Mit heißem oder kaltem Wasser allein hätte er allerdings den Schmutz nicht von der Haut bekommen. Und so war es eine aufwendige Prozedur, den Körper mit Olivenöl einzureiben und dieses dann von der Haut mit Hilfe von Spachteln wieder abzuschaben. Die Qualität des verwendeten Öls war selbstverständlich abhängig vom Wohlstand des Anwenders. Adel und Patrizier ließen sich mit bestem Öl reinigen, einfache Bürger und Handwerker verwendeten dafür die dritte oder vierte Pressung. Auf jeden Fall war Öl unverzichtbar für die Körperpflege und ersetzte damals alles, was uns heute zwischen Seife, Shampoo, Bodylotion und Hautcreme alltäglich ist.

Das hochwertige, feine Öl der ersten Pressung – vergleichbar der heutigen Qualitätsstufe „extra vergine" – war ein Nahrungsmittel. Es gab Ölflaschen aus gebranntem Ton, die die Form und Größe von heutigen Feldflaschen hatten. An ihrem Ausguß war eine flache Pfanne aus Keramik befestigt, in die das Öl mit einer einfachen Kippbewegung hineinlaufen konnte. Darin wurde das Brot eingetaucht, was für arbeitende, einfache Menschen bereits eine vollwertige und ausreichende Mahlzeit darstellte. Sozusagen ein antikes Ölbrot im Vergleich zu einem heutigen Butterbrot als einfache Kost und Grundernährung.

Archäologen haben Altäre und Altargeräte aus vorbiblischer Zeit freigelegt, die nachweislich mit Olivenöl übergossen waren. Denn das Öl ist schon seit sehr alter Zeit auch eine wichtige Opfergabe. Im Alten Testament ist die sogenannte Salbung von Altären bezeugt, wie auch die Salbung von Königen, als Zeichen der göttlichen Huld, in der sie standen. Die Salbung ist ja bis heute eine wichtige

Ölmühle

Zeremonie innerhalb der Kirche geblieben, in der Krankenölung bedeutet das Salböl auch Heilkraft und Stärkung.
Reines und gutes Olivenöl wurde und wird von den Menschen daher in mehreren Bedeutungsebenen als wertvolles Lebensmittel im umfassenden Sinn des Wortes verstanden und benutzt. Eigentlich ist es schade, daß das Öl auf unseren Festtafeln in eine Karaffe neben dem Essig verbannt wird. Schöner wäre es, würde auf unseren Eßtischen, auch für eine oder mehrere Personen gemeinsam, eine schlichte, flache Schale Platz haben, die mit Olivenöl gefüllt ist und in die jeder nach Belieben sein Brot tauchen kann.

Nur ein Körnchen . . . das Salz

Die Geschichte des Salzes ist bestimmt fast so alt wie die Geschichte des Menschen. Schon die frühesten Jäger haben Quellen gekannt, aus denen salziges Wasser sprudelte. Und bald lernten sie, daß durch natürliche Verdunstung dieser Sole ein trockener Rückstand blieb, den man transportieren konnte und der in kleinen Mengen ausreichte, um die einfachen Speisen schmackhaft und das Fleisch haltbar zu machen.
Erst viel später, als die Gewinnung des Salzes auch im Bergbau möglich war, als Salzherstellung und Salzhandel größere Dimensionen angenommen hatten, da wurde das Salz auch mythisch besetzt. Vor allem, weil Hunderte Jahre lang das Salz eine Kostbarkeit war, die mit Gold gleichgesetzt wurde, haben sich bis heute Vorstellungen erhalten, die man leichtfertig als Aberglauben bezeichnen könnte. Salz zu verschütten, das bedeutet angeblich einige Jahre Unglück, einem Vogel Salz auf den Schwanz zu streuen könne bewirken, daß er nicht mehr wegfliegt; und eine Prise Salz vor die Tür zu streuen schütze vor dem Eintreten böser Geister. Im Prinzip gehen alle diese Anschauungen darauf zurück, daß der Mensch rasch gelernt hat, daß Salz eines der wichtigsten Konservierungsmittel ist, das er verwenden kann. Und ein Konservierungsmittel ist nichts anderes als ein Garant gegen Verderbnis, gegen das Unheil.
Aus denselben Überlegungen heraus wurde Salz auch aggressiv verwendet. Das Salzen von Ruten für die Züchtigung geschah weniger wegen der zusätzlichen Tortur durch das Eindringen des Salzes in die offenen Wunden als zur Reinigung der Seele des Sünders. Im Wortgebrauch „jemanden salzen" steckt diese ungemein brutale Methode noch drinnen.

Wenn Jesus wiederum seinen Aposteln und Jüngern sagt, sie seien das Salz der Erde, so meint er damit das Eindringen neuer Gedanken in alte Böden, man könnte es fast als symbolische Düngung verstehen.
Das Salz, die Würze des Lebens, aber auch das Mittel gegen die Verderbnis, bekommt in einer noch immer lebendigen Sitte seine schönste Aufgabe: einem Gast gemeinsam mit Brot als Willkommensgruß entgegengebracht zu werden, der über das Gastrecht hinaus auch Freundschaft anbietet. Auch junge Menschen haben diesen Brauch, den Gästen bei einer Housewarming-Party schon an der Tür Brot und Salz zu reichen, übernommen und erhalten.
Ähnlich wie das Öl hat sich auch das Salz auf einer Tafel scheinbar bescheiden in die Salzstreuer zurückgezogen. Mag dieses Gefäß auch noch so edel sein, so wird dem Salz in diesem Gefängnis doch seine mythische Bedeutung genommen. Man stelle sich vor, das berühmteste Tafelgeschirr der Welt, das Salzfaß des Bildhauers Cellini, wäre zum bloßen Salzstreuer geraten . . . Auch Salz muß seine positive Magie entfalten können. Da mag ein offenes Schälchen in passender Form und schönem Material auf einer Festtafel den besseren Akzent setzen.

Der Tisch ist gedeckt

Eigentlich stellen die angerichteten Köstlichkeiten bereits ein elementares Festmahl und auch ausreichende Nahrung für den Menschen dar. Was jetzt noch an Gesottenem und Gebratenem, an Früchten und Gemüsen, an Suppen und Soßen, an Torten und Pasteten dazu aufgetischt wird, ist eigentlich nur mehr schwelgerische Ergänzung.

Ohne ins Puritanische zu verfallen, sei hier doch noch angemerkt, daß bei aller Freude und Üppigkeit des Festes und des festlichen Tisches alle über die Grundelemente der Festtafel hinausgehenden Speisen mit der gebotenen Achtung und mit Maß angenommen werden sollen. Unmäßigkeit im Denken und Handeln, auch beim Essen und Trinken, heißt, die Achtung vor den inneren Werten zu übersehen und zu verlieren.

Anfang der neunziger Jahre sind Mediziner, die sich mit Herzerkrankungen beschäftigen, zur Erkenntnis gelangt, daß Menschen, die eine bestimmte Kost zu sich nehmen, vor Herzinfarkten besser geschützt zu sein scheinen als jene, die sich zu üppig oder zu mager ernähren. Die Ernährungsgewohnheiten der Menschen Südeuropas wurden als sogenannte „Mittelmeerdiät" nach langen Testreihen in die Behandlung von Herzpatienten übernommen und als Vorsorgediät allen Menschen mit Kreislaufproblemen empfohlen.

Woraus besteht nun diese Mittelmeerdiät?

Reichlich, sehr reichlich erstklassiges Olivenöl, frisches Weißbrot, maßvollst Wein und viel Wasser. Dies ist das kulinarische Grundarrangement für das Hauptnährungsmittel Gemüse! Fleisch, Fisch, Käse etc. kommen in der Mittelmeerdiät nur in sparsamsten Mengen vor. Salz ist natürlich überall dabei.

Die Erfolge der Fachmediziner mit dieser Kost als Behandlungsmethode gegen den Herztod sind verblüffend. Und es gibt auch schon jede Menge wissenschaftlicher Arbeiten und Erklärungsmodelle, warum dies so ist. Vielleicht genügt aber auch eine schlichte Überlegung. Warum sollte das elementare Festmahl der Menschheit nicht auch schützende und heilende Kraft haben? Schließlich hält Essen Leib und Seele, Herz und Hirn zusammen.

Danksagung

Für Rat, wichtige Hinweise und wertvolle Tips sowie für so manchen erlaubten Blick in private Kochtöpfe und Speisekammern gebührt herzlicher Dank:
der Bibliothek und dem Kammeramt des Stiftes Klosterneuburg, den Schwestern der Abtei Sankt Hildegard in Rüdesheim und den Küchenchefs des Klosters Herzogenburg in Niederösterreich, den Pfarrersköchinnen Friederike Bumerl, Theresia Huemayer und Anna Krottendorfer sowie den Frauen des Kirchenchores Lustenau in Vorarlberg.

Rezeptregister

Bildquellenverzeichnis

Diederichs, Eugen, „Deutsches Leben in der Vergangenheit in Bildern“: S. 10 (Fürstliche Tafel, Holzschnitt v. M. Wolgemut in „Schatzbehälter“, Nürnberg 1491); S. 38 (anonymer Meister, Salzburg 1556); S. 175 (Hochzeit zu Kana, Holzschnitt v. M. Wolgemut – siehe S. 10)

Foto A. Fischer: S. 18 (Kaiser Konstantin verleiht die Herrschaft über die Kirche Papst Silvester I., Fresko in Rom, Santi Quattro Coronati, 13. Jh.)

Bildarchiv der österreichischen Nationalbibliothek: S. 59 (französische Buchillustration, 18. Jh.); S. 82 (Hausfrau und Mägde in der Küche, Kupferstich in „Wienerisches bewährtes Kochbuch“, 18. Jh.); S. 151 (französische Buchillustration, um 1840)

Kunsthistorisches Museum: S. 81 (Pieter Bruegel d. Ä., Bauernhochzeit, 1568); S. 187 (Benvenuto Cellini, Salzfaß, 16. Jh.)

Wanschura, Brigitte: S. 99 (Kirchweihfest in Böhmen, Illustration von K. Liebscher in „Die österreichisch-ungarische Monarchie in Wort und Bild“, hg. v. Kronprinz Rudolf, Wien 1885–1902, Bd. Böhmen I); S. 122 (Weihe der Osterspeisen in Galizien, Illustration von Teodor Axentowicz in – siehe S. 99, Band Galizien); S. 145 (Illustration v. J. Greil in – siehe S. 99, Band Oberösterreich); S. 182 (Situla und andere Funde in – siehe S. 99, Band Küstenland)

Verlag Ueberreuter: S. 120 (Ostergebäck, Illustration von Arnhild Johne für „Das Osterbuch“ v. Barbara Bartos-Höppner und Burghard Bartos, Wien 1987); S. 133 (Illustration von Arnhild Johne – siehe S. 120)

Privatarchiv Dr. Ingrid Hänsel: S. 20 (Neujahrskarte, ca. 1910); S. 24 (Franz Graf von Pocci in Anton Birlinger, „Nimm mich mit“ Freiburg, 1862); S. 25 (Thomas Bewick, um 1830); S. 40 (Ludwig Richter, Taufbrief, 1863); S. 61 (Firmpate und Firmling im Wiener Prater, Hans Schließmann, um 1900); S. 92 (Holzschnitt von Hans Weiditz in „Schachtafeln der Gesundheit“, 1533); S. 95 (Illustration von Ludwig Richter in J. Traugott, „Familienlieder“, Leipzig 1853); S. 98 (Holzschnitt von H. Weiditz – siehe S. 92); S. 118 (Albrecht Dürer, Das Abendmahl, 1523); S. 142 (Weihnachtsbescherung, Lithographie von Vincenz Katzler, um 1860); S. 148 (Illustration von Wilhelm Busch in „Die beiden Enten und der Frosch“, Münchner Bilderbogen); S. 178 (Illustration aus Diderot und D'Alembert, „Enzyklopädie“, 1751–1780); S. 180 (Illustration von Franz Graf v. Pocci in „Lustige Gesellschaft“, 1867); S. 185 (Ölmühle, Kupferstich v. Ph. Galle nach J. Stradanus, um 1580); S. 188 (Fürstenküche, italienischer Stich, 1549) sowie alle anderen hier nicht explizit genannten Abbildungen.